未来はすでに出来ている?!

植物とセカイムラコンセプト

さとうみつろう
入口初美
AKIRA
セカイムラメンバー

ヒカルランド

伊勢神宮と出雲大社を結ぶ線の、ちょうど中間地点にセカイムラの拠点『光楽園』はあります。

陰と陽の中心点である「レイ磁場」に位置する光楽園は、元々は旅館でしたが日本でも屈指の「氣」が流れ込む場所として、有名な気功の団体が施設を買い取ることになりました。

旅館の改修工事では天井や壁に巨大な水晶やプラチナファイバーを敷き詰め、日本最大級のピラミッドハウス

も新たに建設されました。

すると、『波動の法則』の著者である足立育朗《いくろう》さんが訪ねてきて、「この場所は日本のカナメとなる重要な場所なので、3台の波動調整モニュメントを設置したい」「これを動かすと日本が沈没するのでそのままにしておいて欲しい」とアート作品を3基設置されていきました。

さらに時は流れ、光楽園は作家の小林正観《せいかん》先生が気功団体から引き継ぐことになり、全国から大勢の「うたし仲間（嬉しい・楽しい・幸せ）」が訪れ、「ありがとう」を100万回唱える合宿や、講演会の開催など、多くの笑いや喜びに満ちて10年間賑わいました。

そんな『光楽園』ですが、正観先生がお亡くなりになった後は10年間誰も訪れず、雨漏りや野獣も入り込み、施設は荒廃して行く一方。

引き継ぎ手を探していた正観さんの奥さんから、２０２１年の7月にさとうみつろうが引き継ぐことになりました。

この場所をもう一度、全国から「嬉しい・楽しい・幸せ」なナカマたちが訪れ、笑顔溢れる賑やかな施設にリニューアルしたい。

そんな思いで引き受けたのですが、契約後に一級建築士が床下をめくってみると建物の老朽化が思いのほか進んでおり、躯体が朽ちていたり、地盤が流されていたり、「そのまま使い続けることが困難」だということが判明しました。

当初は貯金の１００万円くらいでリフォームをすれば皆で使える施設にリニューアルできると甘く考えていたのですが、屋根材からはアスベストまで見つかり、それを処理する費用だけでも１８９０万円もかかることが判明……。

そんなお金はどこにも無いですし、だからと言って返すことも出来ないので、急に大きな負担を両肩に背負う立場になってしまい1週間ほど落ち込みましたが、引き戻すわけにもいかないなら、「前へ進むしか方法はない!」と新たに決意しました。

そうやって前を向いたタイミングで、ベストセラー作家のひすいこたろうさんから「大変な状況だけど、ワクワクすることを企画してみんなを巻き込んでみたらどうか?」とアドバイスを受けました。

そう言われて思いついたのが、光楽園の近くにある温泉から「ラドン」が出ていること。ひょっとすると近い距離にある光楽園からも「ラドン」が出るかもしれません。温泉の掘削には１m10万円かかりますが、もしも解体費用をクラウドファンディングで全て賄えたのなら、チャレンジ温泉も掘ってみたいとワクワクしています。

さらにワクワクすることを考えた時に、光楽園の壁や天井に設置されていた大きな水晶たちをクラウドファンディングのリターンとしてお返しすることを思いつきました。

水晶は「人の想い」を吸い込むそうです。
光楽園での楽しい仲間たちとの思い出や、喜びの波動、また「ありがとうを100万回唱える合宿」も行われていたので、全国の「ありがとうの波動」も吸い込んでいる水晶。

その水晶を、光楽園の側を流れる清流で浄化し、満月の光でも浄化し、更には奈良県警へ捜査

協力もしている凄い霊能力者からお電話を頂き「その水晶は浄化すればパワフルな石になる。特別な祈祷によってお寺で30年祈った強力な御塩を送るからそれで清めなさい」と、光楽園のためだけに特別にその御塩を譲っていただき浄化。

こうして、とってもパワフルになった「100万回の有り難う水晶」が完成。

末筆になりますが、光楽園という「日本のカナメ」に建つ施設を引き継げたことには感謝しかありません。途中で一度、心が折れそうになったことは確かですが、また決意を新たにして進むことになり、ピラミッドハウスは残し、古い旅館のA棟・B棟はアスベストなども完全に処理して解体し、新しい光楽園、レイビレッジとして再出発したいと強く願っています。

この施設が、全国から多くの笑顔がまた集まるパワフルな施設となり、陽の方向の伊勢へも、陰の方向の出雲へも多くのエネルギーを送れるようお力添え下さい。

また、現地では「リフォーム」を学べるワークショップも毎日開催しております。そちらへもどうぞお越しください。

本日は貴重な時間を割いて頂き、有難うございました。

——作家　さとうみつろう

光楽園とのご縁を繋いでくださった高島亮さん（小林正観先生の唯一の師範代）が、正観さんの葬儀で読まれた弔辞をインターネットから引用させて頂きます。

正観先生がお亡くなりになって、約10年が経ちます。

もともとあった光楽園の石碑

わかりました。
正観さんへの恩返しは、
これからはじまるんですね。

正観さんがあちらの世界で、
「ほら、あの人たちが、私の話を聴いたり
本を読んだりしてくれた人たちですよ。
いつも笑顔と感謝の心を忘れず、
喜ばれる生き方を実践している、
私の良き仲間たちです」

と自慢できるようにこの世界を生きていくことが、
私たちができる正観さんへの最大の恩返しですね。

「親孝行というのは、親が生きている間にして
あげるものではありません。
本当の親孝行は、親が亡くなったときから
はじまります。
親が亡くなりあちらの世界に行って、
こちらの世界を見ているときに、

『ほら、見てください。あれが私の子どもです。
あんなに人に喜ばれながら
楽しそうに生きているのが、私の子どもです』

と親が自慢できるような生き方をすることが、
最大の親孝行なんですよ」

正観さんは、そうおっしゃってました。

このタイミングで偶然にも光楽園の解体が始まり、床下から出て来た多くの水晶が誇らしげに輝きながら全国へ「光」を届けることの奇跡に感動しました。
コロナ禍で大変な日本へ、多くの灯りが灯りますように。

セカイムラとは何か？

その両氏の跡を受けて、光楽園はセカイムラのフラグシップとして再誕生。

セカイムラは、2021年6月に開催された2万人の願いのお焚き上げがきっかけとなり、さとうみつろうさんのよびかけで誕生しました！

2つのコンセプトがあります。「夢と夢をマッチングし『夢』を現実にする」と「日本版ダーチュニックの実現」です。

1つ目のコンセプト

「夢」と「夢」のツーペアマッチングをしながら「夢」を現実にしていく場。

あなたの心にある「夢」と、あなたの目の前の「現実」の違いは何でしょうか？

それは「解像度」の違いです。

「夢」はどこかぼんやりしていて、「現実」はハッキリしています。

逆に言うなら、あなたの「夢」を少しずつ明確化して行けば、それは必ず「現実」になるのです。

セカイムラオンラインサロンでは、ＤＤＰ（Definition Direction Purpose 明確な願い）を投稿するページがあり、あなたの「ＤＤＰ（夢）」を定期的にアップロードして他のメンバーに見てもらいます。

その夢に対して、意見も自由に交換できます。

少しずつ心の声を明確化して行けば、輪郭がはっきりし始めて、いつしかそれは「夢」ではなく「現実」に置き換わるはずです。

実際に、2021年6月21日に2万人の人が明確な「DDP」を掲げたところ、大多数の人が今日までにそれを「現実化」しています。

あなたの「夢」もDDPに落とし込んで、定期的にアップデートしながら他のメンバーと「夢のぶつかり稽古《げいこ》」をしてみてください。

そして、人は誰でも「好きなこと」を仕事にして「生きがいのある人生」を送りたいものですが、現在の仕事を急に捨てることは難しいはずです。

そこでセカイムラオンラインでは、あなたの好きなことや願いを「DDP」として表明し、オンライン上で販売してもらいます。

ただし、「円」で売るのではなく、コミュニティ通貨「ルンルル」を通して他のメンバーと好きなことを交換します。

例えばあなたが「描いた絵」「手芸品」を3000ルンルで他のメンバーに売ったり、または手に入れた3000ルンルで、実際に集まる拠点で「セラピー」「マッサージ」「ヒーリング」などを他のメンバーから買ったり。

コミュニティ内で少しずつあなたの「好きなこと」を上達させながら、いつかはそれが業にできるようにナカマと「好きなこと交換」をお楽しみください。

2つ目のコンセプト　日本版ダーチュニックの実現

「国民に魚を与えるのではなく、魚の釣り方を教えよ」という有名な言葉があります。

ロシアにはダーチャ（ダーチュニック）制度があり、都市に住む国民に「郊外の土地」を国が無料で与えました。

ロシアの人たちは週末にダーチャへ行き畑を耕し、自分たちの手で別荘を建てて、リフレッシュしてまた平日には都市へ帰ってくる。

こうして「自分の手で野菜を作る方法」「自分の手で家を作る方法」を国民が手にしたので、もしも国家が明日解体してもロシアの人たちは変わらない生活を続けられます。

そしていま、この「ダーチュニック制度」を導入するのに最も適している国がここ日本です。

日本には600万軒の空き家があり、東京ドーム9万個分の耕作放棄地があります。

日本人全員に20坪ずつの「畑」が「耕作放棄」の状態で地方に用意されていることになります。

セカイムラでは、全国各地の「耕作放棄地」や「空き家」と、都市部で仕事などに悩む若者とをつなぐことで、週末にはナカマが「畑付きのシェアハウス」に集まり、好きなことをしながら畑を耕し、リフレッシュしてまた日常に帰れるような、そんなコミュニティの構想を思い描いています。

そのために、全国から多くの「空き地情報」や「空き家の情報」、また「自然栽培の講師」や「古民家再生のノウハウを学べる場所」などをセカイムラのメンバーに提供しています。

まずは、「あなた」を「ナカマ」につなぎました。

そして、「ナカマ」と「情報」をつなぎました。

さあ、ここからはナカマと一緒に行動に移す段階です。

リアルロールプレイングゲームの始まり

セカイムラオンラインでは、ネットを超えた「情報」やあなたの近くに住む「ナカマ」を紹介致しますが、そこから先は、実際に集まったナカマたちとの「リアルロールプレイングゲーム（ＲＲＰＧ）」が始まります。

全国各地にある耕作放棄地や古民家をナカマたちと再生させて、「リアルなコミュニティの場」づくりをしてみませんか？

そのためのノウハウなどは提供しますが、舞台や設備を用意しているわけではありません。

「０からの村づくり」へのチャレンジです。

目標は全国に１００か所の「畑付きシェアハウス」の整備。

今後、種子法の廃止や種苗法の改正などで、「タネを採ること」や「タネの売買」が禁止されるようになります。

その時に、全国に１００か所の「泊まれる畑」がつながっていれば、コミュニティ内ではタネの交換が自由に行えます。

そのためにも、全国各地の「耕作放棄地」を耕し、セカイムラ村民全員が6㎡ずつの「自分の区画畑」を持ち、近くの古民家を改装して、週末にはそこにナカマと集《つど》い合えるスペースを形成する。

そんな「構想」が、「夢」じゃなく「現実」になるように、あなたも一緒に動き始めませんか？

集まったナカマと知恵を出し合って、耕作放棄地を探し、古民家を見つけ、ワークショップやイベントを開催しながら資金を捻出して、「実際に集まる拠点」を0から創り上げるのです。

これが「夢」で終わるのか「実現」まで解像度が上がるのかは、これから参加するあなたのチカラで変わってきます。

まずは、自宅で1人でzoomに参加するところから。

そして、近所のナカマたちとつながり「仮拠点」に集まるようになる。

古民家や耕作放棄地を探し、知恵を出し合って。

将来、全国に100か所の「畑付きシェアハウス」がつながり、日本一笑顔が溢れるコミュニティになればと思っています。

さぁ、一緒にリアルロールプレイングゲームを始めましょう。

＊各地域における「拠点整備費用（カフェ代・イベント開催費・土地の取得・古民家の改装）」などは、各拠点メンバーでの負担となります。
＊現在47都道府県に拠点があるわけではありません。各地域メンバーさんのペースで拠点が作り上げられています。
＊耕作放棄地や畑等の土地のご提供・活用についてはセカイムラ事務局にご連絡をお願い致します。各地域のセカイムラメンバーとおつなぎし、各地域で活用のご相談をさせていただけますと幸いです。

https://www.sekaimura.com

カバーデザイン　重原隆
編集協力　セカイムラ事務局
本文仮名書体　文麗仮名（キャップス）

目次

Part 1
セカイムラのある光楽園（レイビレッジ）は伊勢神宮と出雲大社を結ぶ直線上にあります

Part 2

植物と脳内麻薬とシャーマンの本質

Part 1

セカイムラのある
光楽園（レイビレッジ）は
伊勢神宮と
出雲大社を結ぶ
直線上にあります

本書は、２０２２年12月10日に光楽園（レイビレッジ）にて行われた
「セカイムラ豊年祭、タネの交換会」の模様を書籍化したものです。

Section 1

ここには足立育朗さんも来た！　前の持ち主は小林正観さん！

あかね　おはようございます。

セカイムラの事務局をしています西田あかねと申します（拍手）。

きょうは豊年祭ということで、皆様にお越しいただいています。

畑や田んぼをされていらっしゃる方に、皆さんが育てたタネをお持ちいただいて、お持ちいただいていない方もいらっしゃるんですけれども、それを交換するという会です。

及び、後ほど豊年祭とはどんなものなのかを、はっちゃんにご説明いただくんですけども、一人一人が神であるという考え方を豊年祭の中で伝えていただいて、設定された出会いを一人一人持って帰っていただきたいなと思ってこの会を開催しております。

きょうは午前中が豊年祭で、タネの交換会であったり、儀式というかお祈りの場になります。

午後は、みつろうさん、はっちゃん、あとは昨日ライブをしてくださったＡＫＩＲＡさんにもご登壇いただきまして、3名のトークライブとなっておりますので、どうぞお楽しみください。

では早速、豊年祭ときょうの午前中の流れ、どんなことをするかを、みつろうさんと石垣島のハーブ研究家のはっちゃんにお願いします（拍手）。

はっちゃん　一緒に座りましょう。

みつろう　椅子の幅が一緒には座れないよ（笑）。

はっちゃん　座ればできるんじゃない？

みつろう　やればできるかな。

はっちゃん　端っこ、端っこで。あなたは向こうを向いて、私はこっち（笑）。

みつろう　ちょっと待って。（椅子を調整）はい。

はっちゃん　ありがとうございます。遠慮深いからね（笑）。初めまして。

♪～カエルの歌が～

会場　♪〜聞こえてくるよ　クワッ　クワッ　クワッ　クワッ
ケロケロケロケロケロ　クワックワッ
クワッ

みつろう　僕は石垣島で生まれまして、13歳まで石垣島におりましたが、はっちゃんは今、18歳でしたっけ。

はっちゃん　ええとね、28。

みつろう　もう28になったんですか（笑）。
年齢は一方通行かと思ったら、結構増減があるものなんですね（笑）。

石垣島が誇るシャーマン、はっちゃん（右）とみつろうさん（左）

はっちゃん　きのうは26だったんだけど。

みつろう　ただ、石垣にいたころは僕は存じ上げていなくて、8年ぐらい前に、アースデイ沖縄というイベントで僕が司会をさせてもらったときに出会いました。

アースデイ沖縄にはすごく濃ゆい人たちが出るんですけども、はっちゃんはぶっ飛んでいて、「この人、楽しいな」と思って、それからいろいろと。

多分はっちゃんも、石垣島出身ということで心を許してくれたんだと僕は思っております。

はっちゃん　いや、そうじゃないね。今も疑っている（笑）。

みつろう　今も疑ってるの？

はっちゃん　アースデイ沖縄のときはそんなにお話しできなかったのよね。

その後のご縁というのがあって、今こういうふうにいさせてもらうんですけど、やっぱり島の人っていいよね。

みつろう　全員が島の人じゃなければ、みんな敵ってことでいいの？（笑）

そうしたら、よくないよねと言ったことになるよ。

今、島の人は二人しかいないから。

はっちゃん　安心するよね、島の人がいると。

みつろう　そう、だからこんな距離でいる。

普通、座れないよ、こんな距離。

ここの光楽園が初めての方。——ああ、よかった。いますね。
あれ、はっちゃんも初めてじゃないですか。

はっちゃん　初めてです。

みつろう　何で今、手を挙げなかったの（笑）。
私だけ藤原紀香だから関係ないのよみたいな？

はっちゃん　そういうことです。

みつろう　ちょっとここの説明をします。
はっちゃんも聞いたことがないと思うので。
この光楽園の最初からのストーリーを言うと——、もう何回も聞いた
ことあるわよという顔をしないでもらっていいですか（笑）。

何回も聞いたことあるかもしれないけど、7回目で人は覚えるらしいから、7回は聞いてください。

ここは、伊勢神宮と出雲大社を直線でピューッと結んだ線の真ん中なんですよ。

ちょうど中間地点にある。昔から聖地だったらしく、きょう、急遽《きゅうきょ》行くことになった與位《よい》神社がそこにありますが、創建は1400年ほど前で、空海よりも年齢が上です。

さらに言えば、この光楽園の敷地のすぐ前に大きな磐座《いわくら》があって、それも誰かセカイムラの人が発見してくれたんだけど、超古代の何とかマークが入っているから、古来ここは聖地だったとわかると、教えてもらったんです。

そういう場所があって、そこに旅館が二つ建っていたんだとさ（笑）。

その旅館に当時、真氣功という一大ムーブメントを起こした気功の団体さんがいて、それがすごかったらしいんです。

そういう団体は、中に大本の王仁三郎みたいな突出した誰かがいないとブームにはなりません。

そこには中川（雅仁）会長という突出したすごい人がいたらしいです。全国に広がった理由が、どこでやっても会場に300人ぐらい来るんだけど、そのほとんどが連れられてきた人なんだそうです。

統一教会的な意味じゃなくて（笑）、「身の回りに病気している人がいたら連れてきてね」というので来て、中川会長がステージ上で両腕を前に突き出し手のひらを広げると、会場からうめき声がウウ〜〜〜と出るんですって。

俺はその集会、絶対行きたくない（笑）。

そんなの地獄じゃないですか。

そのうめいている人をステージに上げて、会長が気を入れるポーズをすると、車椅子で参加した人が自力で立てるようになったりする。

その会長がここの旅館に泊まったときに、あまりにも気の流れがすごいと。多分、霊ポイントだからだと思います。

それで気に入って買い取ったらしいんです。お金もあったんでしょう。3億円かけて改築したと言われています。

光楽園のピラミッドもそうですが、そこのピラミッドは、もちろん大きさは違うけど、クフ王のピラミッドの寸法と同じ比率でつくったらしいです。

きょう泊まる人は、多分後で行けると思うけど、怪しい牢屋みたいな、王の間みたいなやつがあって、そこにここから垂れてくる電線とかもあって、よくわからないんです。

もともとあった二つの温泉も、そのときに改築したらしくて、床下にめっちゃ水晶を埋めたんです。

そういういろいろな怪しいことというか、一応、気功を研究するための施設として買い取った。

ただ、突出した人がいたから団体がバーッと広まったけど、突出した人がお亡くなりになるとシュンとなるので、そこから維持できなくなった。

中川会長がここを運営しているころに、足立育朗《いくろう》さんという、スピリチュアル業界で一番有名な超ロングセラー『波動の法則』を書いた方も、ここを訪れています。

『波動の法則』は最初のスピリチュアル的な本らしいです。足立育朗先生は50年前からそういう話をしているすごく有名な先生で、その足立先生が世界中に11基の波動調整装置、「エクサピーコ」という名前のモニュメントを建てているんです。

波動調整装置を世界の主要な場所に置いて、それによって地球の磁場を安定させているらしいんですが、その11基のうち3基が光楽園の敷地内にあって、「この3つの波動装置は絶対に壊すな。壊すと日本が沈没する」と言われたりしています。

緑と赤と真ん中にテポドンみたいなやつです。後で見てくださいね（巻頭カラーページ参照）。

足立育朗さんも来て、真氣功の中川さんも来て、ただ団体が衰退して、誰も運営できないとなったときに、小林正観《せいかん》先生という作家の方に白羽の矢が立った。

作家の小林正観先生がその施設を引き継いで、全国から先生の読者が来て、みんなで100万回「ありがとう」を言う「ありがとう合宿」というのをしていた。いわくつきというと変ですけど、そういう場所です。

僕たちが引き継いで3年目になりますが、最近、村の長老が出てきまして、「スサノオの墓が、光楽園のすぐ横にあるよ」と。よくよく聞いたら、その方たちが子どものころは、おじいちゃんたち、今で言うと250歳とかになっている人たちは、入り口まで知っていたようです。

前方後円墳になっているみたいで、スサノオの墓というのは日本ではここにしかない、そういう場所です。

この場所を僕が地図で調べたら、北海道のちょうど重心点にある大雪山のトムラウシ山というところと、中城城跡を直線で結んだ中間地点もまたレイビレッジになる。伊勢と出雲の中心であるし、日本の北の縄文と南の縄文の中心でもある。レイラインとは呼びたくないので、ラインですらない「レイポイント」として、ことし（2023年）の4月から「レイビレッジ」という名前にして、もう一回盛り上げていこうということでやっているんですけども、とにかくそういう場所です。

当時、全国のどこであっても講演会をやると人を呼べたということで、こういう、来るにはちょっと難しい場所だけど、彼だったら運営ができるんじゃないかということで、正観さんは3億円かけたものを大分安く手に入れたらしいです。

正観さんたちはここで「ありがとう合宿」とかをしていたんだと思います。

壁紙剥がしワークショップに来てくれた方、いますか。――はい、ありがとうございました。壁紙を剥がしたら、「ありがとう」と無数に書かれている壁紙があって、それも宗教色たっぷり(笑)。きのうAKIRAさんがここで「ありがとうの歌」を最後に歌ってくれていて、この場所が歌わせているんじゃないかと僕は思いました。ここは間違いなく「ありがとう」という音波を日本で一番浴びている壁です。

しかも正観さんたちが呼んだ人たちだから、3万回「ありがとう」と言うチャレンジをしているような人たちが何人もいるから、本当に「ありがとう」という音波を世界で一番浴びている施設だと思います。

その正観さんも亡くなりまして、10年間ここは放ったらかしということでボロボロだったんですけども、「みつろうさん、何かできませんか」と。

1回目はお断りしました。

「無理です。そんなおカネもありません」と、お断りしました。

2回目に、僕は畑に小屋を建てていて、リュウイチ君とかがいたから、リフォームしたら何か一儲けできるんじゃないかと思ったんです(笑)。

そもそも3億円かけたと聞いた時点で、いけるんじゃないかと思って買い取ったら、アスベストが出てきました。
解体するのに最初の見積もりが2000万円、結局4500万円以上使い切ってしまった。
でも、これだけきれいになりました。
その施設で、きょうはセカイムラの皆さんを集めて豊年祭をするんですけども、僕が朝、ここだけでやってもちょっとなと。

はっちゃん　外が気持ちいいから。

みつろう　やっぱり外のほうがいいでしょう。

はっちゃん　坂の上のほうをお散歩してきたんですよ。
下のほうは出雲のエネルギーがあって、上のほうになると伊勢のエネルギーなんだなというのを感じた。

実は下のほうの夢はもう見ていたんです。

この気の感じとか、数年前に見てて、私はそこを出雲だと思っていたんだけど、実は出雲じゃなくてここだったんだなということが、上がってくるときにわかって、ちょっと上のほうに行ったら、お伊勢さんのエネルギーなんだなというのをすごく感じた。

だから中心点にあるんだなと、さっきお話を伺って思いましたね。

陰陽の両方ができるっていいですね、真ん中にいるということで。

みつろう　僕らは石垣島なんですけども、豊年祭というのはミルクの神様。

多分、皆さん知らないんじゃないかな。

はっちゃん　ミルクって、弥勒菩薩と一緒なんです。

みつろう　でも、見た目は全然違っていて。

はっちゃん　誰か映して見れる人、いますか。

みつろう　これくらい大きかったら、みんなに見せられるかもしれない。

はっちゃん　ミルクゆがふっていうのが出てくると思います。

みつろう　多分、ここは電波が届か

ない。本当にこんな顔みたいなミルクの神様。

――こんちゃん、出てくれば？

みつろう　こんちゃんの顔を真っ白にしたようなノーメイクの神様でございます。

皆さん、お気をつけて。目が見えてないので。

こんちゃん　目が見えません。

みつろう　本当にこのようなミルクの神様です（拍手）。

あ、出てきた。これをみんなに回してもいいですか。

――いいですよ。

はっちゃん　こんな感じで真っ白で。
みつろうさん、ありがとうございます。

あかね　じゃ、回してもいいですか。

はっちゃん　あっ、こんな感じです。似てますよね。
真っ白で、金色の服を着て、最初は旗頭で若い人たちが先頭になり、その後から村の長老が通り、その後にミルクの神様が来るんです。
だから流れとしては、ご先祖様のほうが先になっているんですよね。
願解《がんほど》きし、繁栄を祈願し、ミルク神から受け取り、みんなで分かち合う道すがない（練り歩き）。

みつろう　皆さん、あれがミルクの神です。

はっちゃん　見えるかな。気をつけてね。

――そうそう、だから内地とちょっと違うのね。

内地だとすごくきれいだけど、沖縄はこんな感じです。

結願祭《けちがん》では大体ミルク神が来るんですけど、登野城《とのしろ》という私たちの地域では、12年に1度だけミルクの神様が登場する。

ほかの地域、波照間島とかも出てきます。

登野城のミルク神だけは寅年の12年に1回だけ。

みつろう　何かありそうですね。

はっちゃん　そのときに、これをできるというのはすごいことだなと。

みつろう　ことし（2022年）なんですね。

はっちゃん　そうだと思う。

みつろう　本家本元の石垣島の結願祭はいつやったんですか。旧暦？

はっちゃん　新暦の10月6日、7日。

みつろう　じゃ、終わりたて。

みつろう　12年に1回というのは、久高島のあれと一緒じゃない。

はっちゃん　イザイホーとね。

みつろう　イザイホーは寅じゃなくて、何年《なにどし》だったかな。

はっちゃん　午年《うま》。

みつろう　ちなみに、イザイホーは12年に1回のお祭りだけど、多分もう4周期分ぐらいやってない。最後、喜納昌吉《きなしょうきち》さんが……。

はっちゃん　午年の人がいないとやらなかったと思う。多分、午年の人がいなくてできてない。

みつろう　そう考えると、石垣島の豊年祭は12年に1回、ちゃんと続いている。

はっちゃん　伝承が全部あるので、本当に厳《おごそ》かですし、「ミルク節」という歌があって、それがすごくきれいな歌なんですね。

私たちの王国に豊かさをという歌なんですけど、最後に歌って踊るんです。

みんながカチャーシーをやったりして、歌って踊るんですけど、きょうはそれをまねて、みつろう君をミルクの神様にして……。

こうやって扇ぐんですよ。

不思議なんだけど、まず最初、右側から扇いで、左側を扇いで、こうすると、ここに豊かさが入ってくる。

だからこれは中が空なんですよ。

みつろう　インフィニティのマークをつくるんでしょうね。
右回転して、左回転して、真ん中に……。

はっちゃん　この稲は石垣島でつくっている稲で、一期米と二期米があります。

みつろう　石垣島は、本気出したら三期米までいけるでしょう。

はっちゃん　いけます。

みつろう　1年間に米が3回取れるということで、はっちゃんは、きょう、石垣島の一期米と二期米でそろえてくれている。

はっちゃん　一と二、両方でこうやっているんですね。
かごは、マーニーという植物が聖地にあるんですけど、神様がおりてくるという植物です。

みつろう　聖地にしか生えてない植物、結構ありますよね。

はっちゃん　あります。

みつろう　これもそうなんですね。

はっちゃん　そうです。だけど、今は聖地にしかじゃなくて、あっちこっちにあるんですよ。もうどんどんどんどん……。

みつろう　聖地、増殖中。

はっちゃん　そうですね。急遽、これをつくった。要は、周りが自分たちを連れていけと言うわけです。

エッ、何で？　忙しいのに、これを切って……。

みつろう　これは相当手間だと思うよ、皆さん。
俺だったらこれを織るのに3カ月、4カ月かかると思う。

はっちゃん　ううん、適当にできます（笑）。

みつろう　でも、はっちゃんがこういう手間をかけてくれている。
この植物がはっちゃんに……。

はっちゃん　連れていけと言う。

みつろう　はっちゃんは植物と会話ができる。

はっちゃん　台湾語でね（笑）。

みつろう　台湾語で植物と。大変ですね。台湾語で相手がしゃべってくるのね。

はっちゃん　何でかわからないけど、ミルクの神様って、チチ（聴取不能）（笑）。台湾が近いのでね。

ミルクの神様って、おもしろいんだけど、お相撲のときの行司さんの軍配、ああいう形をしているんですよ。

だからこれをまねてつくってみたんですけど、何でだろうね。

行司さんみたいなもので、丸とかハート型とか四角じゃなくて、本当にこういう形になっています。多分見たらわかると思うんですけど。

みつろう　耳もあんな形をしている。

はっちゃん 福耳でね。

みつろう 形に秘密があるんだろうね。

はっちゃん そう思って。

みつろう これははっちゃんの手づくりなんですよ、皆さん。すごくない？（拍手）

はっちゃんはハブに右手を噛まれて一回死んだことがあって、だから本当は握力がなくて、なのにこんな重たいのを持って石垣島から来てくれたんですよ。

本当にありがとうございます（拍手）。

迎えたとき、相当持っていたんでしょう？

あかね　そうです。到着されたときの荷物も多かったんですけど、事前に何箱も送ってくださっていて、お昼の沖縄蕎麦の材料も全て送ってくださったんです。

みつろう　皆さん、本当に感謝したほうがいいですよ（拍手）。

はっちゃん　食べさせたかったのね。
やりたいことをやっているので、楽しいよね。
そんな感じでやるんですけど、要するに来《く》夏《な》世《つゆ》、次の夏の豊かさを祈るということなんです。

みつろう　皆さんは、きょうここで来年の豊作を祈る。
きょう来た人は、来年、間違いないですね。

はっちゃん　間違いないです（拍手）。

みつろう　これは思っている以上にすごいことで、12年に1回の石垣島の祭りを終えたばかりの本家の人が、そこの聖地の植物で編んで持ってきているし、しかもここは伊勢と出雲の中間地点だから、相当すごいことだと思うよ。

はっちゃん　でも、こうやってつながっていくといいですよね。分けるのではなくて、中心がいる。空《カラ》の端と端は陰と陽じゃないですか。一番大事なのは真ん中といいますでしょう、どちらかじゃなくて。だから、その真ん中にあるこの場所はすごくいいね。

みつろう　この場所に初めて来て、どうでした？

はっちゃん　きのうは夜だったので、さっきお散歩してきたの。一応確認しなきゃと思って、食べられるものはあるかとか（笑）。

みつろう　はっちゃんは歩いたら、そこにあるものの何が食べられるか全部わかる。もう1回言うけど、植物たちが台湾語でしゃべってくるから（笑）。

はっちゃん　そうそう。川がすごくすばらしいですね。

みつろう　揖保《いぼ》川の源流です。

はっちゃん　本当に水がきれいで、この水を何で使わないのかなと、私はちょっと不思議だったんだけど。

みつろう　すぐに使えますよ、隣りですから。そこはもう川ですもの。

はっちゃん　引き込んで料理とか。流れているし、いい力になる。あと、シイタケの原木栽培をやっているところがあったりしていたので、そういうのもできるし、湿気が多いので、植物としてはシダ類が多いから、シダ類の新芽、腐葉土がすごくいい感じでありましたよ。

みつろう　歩くだけで、その地域のことが植物の層からわかるそうです。どこかの町に行って、はっちゃんが見て、この町は糖尿病が多いとかわかるんだって。

はっちゃん　必要な植物がそこに来るんですよ。だから、私がハブに噛まれたときに、琉球小スミレというスミレがあって、それはハブの毒にいいんですよね。

今まで琉球小スミレはなかったのに、噛まれた年にはいっぱいあった。

何でだろうなと思いながらいたら、やられちゃったのね。


みつろう　僕は思うんだけど、あらわれるものは絶対に陰と陽、両方持ってないといけない。

コインがあるじゃないですか。コインは半分に切っても、やっぱり表と裏ができるし、金箔ぐらいに薄く切っても、表と裏がある。

その物質がなくなったときには同時に表と裏が消えるけど、物質がある限りは絶対に表と裏があるんですね。

表と裏とは何かというと、例えば、怪我と治すは表と裏ですよね。

それは同時にあらわれる。両方が同じ場所にあらわれて、お互いに打ち消し合ったときに、怪我したという状況がなくなる。

植物が生えたところがプラスかマイナスかわからないけども、両方が同時に発生しないとこの世はおかしい。

　治すというエネルギーと起こすというエネルギーは、ちょうど180度反対だから、絶対に同じ場所にあるなと僕も何となく思うけど、僕は台湾語がわからないから（笑）。

　うちの母は与那国の人なんですが、与那国は台湾のすぐ近くだから、戦時中、疎開先の台湾で生まれているんです。

　だけど台湾語はわからない（笑）。

はっちゃん　表と裏があるんだけど、そのときに気がついて、自分を真ん中に持っていくということをすれば、その被害はないんじゃないかなという気がするの。
　伝えてくれるので、それをちゃんとキャッチする。

みつろう　自分がずっと中庸にいればいい。

はっちゃん　そうです。どこにも行かなくて済む。だからこの場所（光楽園）のような感じですね。真ん中にあるというのが大事で、植物は多分、それを伝えたくて出てくるんですよ。

だから今は本当に注意深く見るようにしています。

みつろう　俺も蚊に刺されたことがあるんだけど、はっちゃんに「その場所で三つの植物を摘みなさい。それを塗れば絶対に治る」と言われた。原因の蚊がその場にいれば、原因に対処するものも絶対にその場にあると。

はっちゃん　あります。

みつろう　はっちゃんは、3が体、4が精神とか、偶数と奇数の話もしていましたよね。

はっちゃん　ブレンドの仕方です。

ブレンドするとき、1、3、5、7、9というのが体を治していくエネルギーになるんです。

意識を治すときは偶数なんです。2、4、6、8でブレンドすると意識に効いてきます。

前に十六茶の話をしていて、16という数字は、体を治す上で、優しく穏やかにしたいというブレンドの仕方になるんです。

みつろう　爽健美茶の話もしてくれたので、みんなに調べてもらったら、奇数でしたね。

あれは体に効くわけですね。

はっちゃん　体のために爽健美茶はある。そういうブレンドの仕方です。そういうふうにやると、例えば自分で家でできるじゃないですか。もちろん1種類でもいいんですよ。それが体に効いていくということができる。それを覚えておくといいですよね。

みつろう　ではもう1回、偶数がどちら方面？

はっちゃん　偶数は精神です。奇数が体です。

みつろう　五体満足とか、5で、確かに奇数だ。

はっちゃん　さすが。

みつろう　きょうは豊年祭をやるということで、本当はここで終わる予定だったんですけども、さっきのミルクの神様というのは、村を歩いて、村の空気をまぜてよくしていく神様ということで、急遽なんですけども、そこに創建１４００年の與位神社があるので、そこまでみんなで練り歩いて、そこでお祈りをして戻ってくる。

ただ、さっき言ったように、ここは最初、宗教団体がいて、次の小林正観先生も「ありがとう教」と呼ばれていたので、実は村の人たちにすごい宗教色という目で見られていたんです。

それをここのいつものメンバーがどうにかうまくやって、今やっと認められた段階です。

毎日、リュウイチ君とかが来てくれて、ほかのみんなもそうだろうけど、村の人たちとよくよくコミュニケーションしたおかげで、「あいつらは宗教じゃないな」と、今思われているところに、僕たちがこのような物を持ち（笑）、伊勢と出雲の中間地点であると言いながら、左回転と右回転によるとか、そういうことをしてしまうとあれなので、ちょっと僕が考えたことがあります。

まず、神社に歩いて行く分にはいいじゃないですか。

向こうに閉じれる柵があったのはわかりますか。

柵からこっちは治外法権ですけども、あそこから向こうは村という共同体がありますので、そこにはそこのルールがある。

ここでは、誰もマスクしてない。

そもそもおかしいだろう（笑）。おまえら外国人かみたいな。

そんなことはない、最先端ですね。ワールドカップの会場みたい（笑）。

なので、村に行くときは、ちょっと静かめというか、僕たちは宗教じゃないんですみたいな感じで。

逆に、こうやって歩くと怪しいから、パラパラパラパラ、とにかく宗教色を消して歩いて、柵からこっちは、逆に思いっきり宗教色出してください。

楽しくやろう。

きょうの豊年祭はそれでいい?


はっちゃん オッケー、オッケー(拍手)。

本当はお酒とか生米とかあるんですけど、見事に全て忘れてきたので、そうではなくて、私たち一人一人が神になって祈るというか、歌うというのでいいのかなというふうに、急遽変わりました。

なので、おつき合いください。


みつろう じゃ、はっちゃん、今、豊年祭やってきますか?

やってくるとか、そういう表現の仕方かわからないけども(笑)。

では皆さん、はっちゃんに従ってもらえれば。

Section 2

豊年祭を行うにあたっての由来と注意点

あかね　光楽園の田んぼと畑をお貸しくださっている谷口さんというおじいちゃまがいらっしゃいます。

与位という地域で無農薬、除草剤不使用、肥料は有機肥料、牛の糞ですとか鶏糞とか、そういったものを使って農業をしているんですが、ちょうど與位《よい》神社の前でお会いしたので、皆さんと一緒にお礼参りさせていただきます。

ありがとうございます。

谷口　皆さん、ここは非常に位の高いお宮さんで、『宍粟《しそう》郡誌』いう古い書き物の中に、「与位の里に大きな社があり」と書いてあるらしい。
それで1400年と言うても間違いではないらしいよ。
そこにポコンとした山があるやろ。
あれはスサノオノミコトの墓やと言われておる。古墳なんです。

参加者　1年たって初めて知った。
そうなんですか。スサノオノミコトの墓があるんですか。

谷口　そう言われておるの。

参加者　どの山ですか。

谷口　そこにあるがな。

あんた方が来るときこっち側にあった、あれがそうや。ポコンとした山。

参加者　何か目印みたいな石とかあるんですか。

谷口　いや、上には古墳があるらしいわ。そういうことなのよ。参るときは、2礼、2拍手。それでお願い事をして、最後に、皆、よくお賽銭をポイと放り込むけど、あれは絶対ダメやで。賽銭箱のそばに行って、そっと入れなきゃ。神様に対して失礼に当たるらしい。後で、ここでゆっくり見て帰って。

一同　はい。ありがとうございます。

谷口　ここの一番向こうに、おもしろいものがあるんや。
　では、一遍参ってみましょう。

みつろう　みんなで合わせて3回拍手して、その後、お礼とかは皆さんペコリとしてください。

　きょうは豊年祭なので願い事はできません。

　12年に1回の感謝なので、皆さんの12年分の幸を、こんないいことがあったんだと何となく頭の中で思ってもらって、願わず、豊作でしたということで、ありがとうと感謝する。

　じゃ、皆さん、いいでしょうか。

　僕がここで手をやりますので、せいの（パンパンパン）。

（しばし無言で祈る）

　終わった方から、お賽銭《さいせん》を……。

AKIRA　さっきの與位神社というのが、スサノオノミコトと稲田姫を祀っているのね。

それがなぜ出雲とつながっているかというと、二人の子どもが大黒様のお嫁さんになるのです。

大黒様は末っ子で体も弱くて、みんなにバカにされるいじめられっ子だったので、スサノオは嫁にやりたくない。

「わしのテストに合格したら嫁にやる」ということで、いろいろな厳しい試練を課すわけです。

ヘビだらけの洞窟に放り込んだり、嫌がらせぐらいに厳しい試練を大黒様は何とかくぐり抜けて、スサノオと稲田姫の娘を嫁にもらうことが

世界を旅するシャーマン AKIRA さん

できた。そこで出雲大社とここがつながってくる。その中間に、ここがあるからね。

はっちゃん　伊勢とのつながりは？

AKIRA　伊勢とのつながりは、天照大神がいるじゃない。大黒様はあの地方を治めていた豪族だったんです。でも、独裁政治だった。

それを昔の言葉で「領《うしは》く」というんだけど、「この国はうしはくの国ではなく、国民と天皇が一体になって守っていく国なので、その国を譲りなさい」と天照大神が言うわけ。

最初は反抗していたんだけど、最終的には、争って殺し合いになるのをやめて、うしはく＝独裁政治をやめて国を譲る。

そのかわり、私のことも最後まで祀ってくださいという交換条件で出雲大社が建てられるわけだよね。
だから大もとは伊勢神宮のほうに天照がいて、そしてこの中心点にスサノオ夫婦が祀られ、その娘が大黒様の出雲大社とつながって、三つがつながっている。

はっちゃん　すばらしいです。

AKIRA　以上です。

一同　AKIRA先生、ありがとうございます。

あつこ（平中敦子、光楽園事務局）先ほど神社で一緒にお参りした谷口さんがお持ちだった田んぼがこちらです。
二反、二畝《ふたせ》ほどあって、いわゆる耕作放棄地だったんですけれど、谷口さんはとても丁寧な方なので、田んぼはやらないけれど、毎年すいてくれていたので、すぐに田植えができるようになったんですね。

ここで去年育てたのがイセヒカリという品種です。

お伊勢さんでコシヒカリが育ったときに、うまくいかない年があったんですけど、そこで自然発生的に進化したお米がイセヒカリと呼ばれていて、そのタネモミを出雲からもらって植えた。

伊勢と出雲をつないでいるなという感じがしています。

みつろう　やっぱりつながっているんだね。

あつこ　田んぼワークショップに参加の方もいらっしゃると思うんですけど、みんなで全部手植えして、無農薬で、草引き、除草もして、稲刈りもして、天日干しして、ことしは300キロ取れました。

来年は、お隣りの田んぼもお借りできるかもしれないということで、もうちょっと収量をふやしたり、あとは苗床に使っている田んぼが向こうのほうに小さくあるんですけど、そこでマコモを育てたらおもしろいんじゃないかなと。

みつろう　ウエスギばあちゃんと一緒にコラボったことがある。マコモ、バッチリ推していた。

あつこ　割と手が要らないと聞いています。

みつろう　そう、万能のすごいものらしいよ。

あつこ　マコモで枕をつくろうみたいな話も、この間、してました。兵庫の村長、カラヤン、ブルーのモコモコを着ている人なんですけれど、きょうはカラヤンが麦を持ってきてくれています。

来年の春の田植えまで、土壌改良のために麦を植えるといいという話を聞いたので、実験的にやってみようという話をしています。カラヤン、麦の説明をできますか。何か特殊な麦だったよね。

カラヤン　いや、普通の麦です。

あつこ　そうなんだ。

カラヤン　まきますか。

あつこ　よかったら、みんなで一つまみずつ。

カラヤン　ちょっとずつつまんでいただいて、へりに回っていただいて、パーッとまいてください。

麦をまくと、麦は根が結構しっかり張るので、根が深くなると土壌が柔らかくなるし、ある程度生えてきたらすき込んで、草としてまぜ込んでしまうと、それが肥料になって、土質がさらによくなるらしい。知らんけどね（笑）。

というところで、皆さんちょっとずつ取っていただいて、回りながらパーッとまいてもらえれば……。

参加者　縁だけでいいんですか。

カラヤン　中に入れる人は入ってもらってもいいけど、入っても大丈夫なのかな。

あかね　はっちゃん、ごめんなさい。

一旦戻って、お昼の準備の時間がちょっとあるから、そのときにまきに来るのでも大丈夫ですか。

はっちゃん　オッケー、オッケー。

カラヤン　いいですよ、どっちでも。

はっちゃん　おなかすいてるので（笑）。

Section 3

セカイムラ・タネ交換会は、タネを持ち帰って育てて、また持ってくる！ タネの循環です!!

みつろう　……不作でもどうにか生き残っていこうの一環とはまた別で、アブラナ科は同じ畝《うね》というか隣だと、勝手にセックスしちゃうから離す。この在来はこの在来で残したいし、ここはここで固定種として残したいから、それぞれ長野県と何県とかで今交換して、またいつか会ったら交換してということをやっていく。

これだけタネが集まったということは、今言ったことをみんながわかっているんでしょう。だからこれだけタネが集まっている。

あかね　わかっていらっしゃる方は一部だと思います。

みつろう　皆さん、できる限りこのタネを持ち帰って、皆さんの地域で大事に育てて、またいつか交換する。

あかね　来年お持ちいただけたら。

みつろう　今の説明だと、冷蔵庫なら5年もつ可能性はあるかもしれないけど、早ければ早いほどいい。

あかね　タネのエネルギーが消耗していくらしいんですね。なのでやっぱり早いほうが発芽とか育つ力があるらしいです。

みつろう　セカイムラ・タネ交換会は、タネを交換したら、持って帰って育てて、また持ってくる。
すばらしい循環じゃないですか。
では皆さん、それぞれタネを。残さないように持ち帰るのがポイントでいいですか。
だって残ると悲しいでしょう。

あかね　そうですね。ただ、この人数だと、どうだろう。大丈夫ですかね。
一応5袋渡してますので、5種類ずつお持ちいただいて。

みつろう　ではタネの紹介をします。これを持ってきた人は？

あかね　お名前が書いてある。奈良のサイトウさん。

サイトウ　はい。

みつろう　一応、説明してもらっていいですか。タネのことあまりわからない人がいっぱいいると思うので。僕が筆頭ですけども、ちょっと教えてもらっていいですか。

タネといっても、いろいろなつき方がございます。長野セカイムラのサイトウさんです。大きな拍手を（拍手）。

サイトウ　この大きい袋に入っているのはニンジンのタネで、これを一つ持って帰ると畑がニンジンだらけになってしまうんですけども……。

みつろう　今コロコロ落ちているけど、ここがニンジンだらけになりそう（笑）。

サイトウ　大変申しわけないんですけれども、在来種の黄ニンジンと、千浜《ちはま》五寸ニンジンの2種類を育てていたんですけど、乾燥させてたらどっちがどっちかわからなくなったので、オレンジのニンジンが出るか黄色か……。

みつろう　どっちもニンジンなんでしょう？

サイトウ　そうです。なので、お楽しみで育ててください。

みつろう　ニンジンのタネを初めて見た人。

参加者　はい。

みつろう　そうだよね。ニンジンはこうなるんだぜ（笑）。

参加者　いつ植えるんですか。

サイトウ　春でも秋でも大丈夫なんですけど、お住まいの地域によっては違うんで、春は、私の住んでいる八ヶ岳は5月のゴールデンウィーク明け、東京ですと多分4月の中旬ぐらいには植えて大丈夫だと思います。強い子なので。

みつろう　皆さん、このニンジンは強い子（笑）。

サイトウ　例えば、今こうやってコロコロ落っこちて、ここから生えてきてしまっても、植えかえると、また大きくなるので。

みつろう　在来種の名前は何ていいました？

サイトウ　黄ニンジン。

みつろう　沖縄で言う島ニンジンと一緒かな？　沖縄の島ニンジンは黄色いんだけど。

サイトウ　そうですか。だとしたらそうかもしれません。

みつろう　めっちゃポロポロ落ちてるね。ここは来年、ニンジンが……。

サイトウ　植えかえていただければオーケーです。

みつろう　黄ニンジン、人気になりそうです。皆さんぜひ。
ほかにサイトウさんは何を。

サイトウ　あとは、これがフランス菊芋といって。

みつろう　菊芋はヤバいよ。うちの畑でもわんさか生えてる。

サイトウ　これは紫の菊芋で、普通の菊芋よりインスリンが多いので、糖尿病の方にいいです。

あと、水溶性のイヌリンが入っているので、あまり水にさらさないほうがいいそうです。

あつこ　これは今、もう植えていいんですか。

みつろう　これは多分、いつでもいいんじゃない？

サイトウ　いつでもいいんですけども……。

みつろう　これがセカイムラのオンライン会議でよく登場する菊芋でございます。

僕は畑で米を育てているんですが、米というのは労働をさせるために絶対に天照が持ってきたと思った。

あれほど労働が必要なものはありません。

脱穀して周りの殻をむいて、何して、ああしてと。こいつは埋めてちょっとしたら、そのまま生で食えるんですよ。

火を通さずにもパリパリと食える。

その最強生物、菊芋でございます。

うちも畑に植えたら、本当に何もしないでワッサカワッサカ出ています。

多分人気の菊芋でございます。

サイトウ　この大きさのを1個植えると、多分2〜3年後には何キロも先まで菊芋の根が広がってしまう。

みつろう　これで何キロ？

サイトウ　2キロぐらいいっちゃうんですよ。

みつろう　じゃ、うちの畑、ヤバいことになっているんだね。

サイトウ　そうです。

みつろう　だって俺、あれ全部ぐらい植えたよ。

サイトウ　大変なことですよ。

みつろう　俺の畑、大変なことになるの？

サイトウ　大変なことになります。全部菊芋になります。

みつろう　これ1個で2キロって、クラスター爆弾よりもすごい（笑）。

サイトウ　なのですごく小さいのもいっぱい持ってきたので、プランターなどで育てる方は小さいのを持っていってください。
畑に植える方は、隣りの人に嫌がられないように、ど真ん中に植えるか、コンクリートの壁とかの横で、広がらないところに植えてください。

みつろう　すごいね。ありがたい話だね。

サイトウ　これは放射能とかも除去してくれるので、福島で植えれば、放射能は一切検出されなくなります。すごい生命力がある。

みつろう　それは紫菊芋じゃなくても？

サイトウ　じゃなくてもです。

これを私はたくさん育てて、春から夏にかけては葉っぱを全部取ってお茶にしています。

あとは葉っぱをカレーに入れて食べるとおいしいです。

みつろう　あと、素揚げが死ぬほどおいしい。

ポテトフライよりおいしいポテトフライができる。

サイトウ　そう、フライド菊芋が一番おいしいです。ジャガイモよりおいしい。

みつろう　天然のインスリンでございます。

また、植物界最強の水溶性のイヌリンが入っておりまして、食べた後、血糖値が下がるので、甘いのを食べたくなるということで、僕は千葉セカイムラのヨウコさんからいただきました。

でも僕は、食べた後、甘いものがめっちゃ食える（笑）。それでも多分おさまっている（？）。

サイトウさんが持ってきたこの一袋で、60キロ四方ぐらいいくということでしょう？

サイトウ　そうですね。いっちゃいます。

みつろう　サイトウさん、ほかにはきょうはどんなタネを。

サイトウ　あとは大豆です。ナカセンナリという信州でメジャーなもので、私が10年以上つないでいるタネなんですけれども、ここ2～3年、気候変動が激しくて、八ヶ岳では育たなくなってしまいました。

みつろう　皆さん、チャンスですよ。八ヶ岳では育たないとなると、僕らがサイトウさんを助けられる。

サイトウ　うちは標高1000メートルのところで、もう2～3年取れなくなってきているので、もうちょっと低い、暖かいところなら取れるかなと思います。

みつろう　寒くなってきているということ？

サイトウ　どうなのかな。むしろ、雨が多いのかも。

みつろう　最近、本当に雨が多いね。

サイトウ　だから、なるべく乾燥しているところの方につないでいただけるとありがたい。

みつろう　鳥取セカイムラから来ている人、いませんか。島根はさっきいたけどね。

ちなみに大豆はものすごく種類がいっぱいあって、「借金なし」というのもあります。

サイトウ　あと、これはキダチアロエの苗なんですけれども、これはみつろうさんが……。

みつろう　僕もいただいたんですけど、どこかの畑に消えていった（笑）。

サイトウ　じゃ、一つ持っていってください。

みつろう　一つ持っていきます。これも広がるという話ですか。

サイトウ　これは沖縄以外では室内じゃないと冬が越せない。

みつろう　沖縄でも冬が越せなかった。

サイトウ　そうですか。これは「医者要らず」といって、ここを切って汁を虫刺されとかそういうのにも使えますし、ヨーグルトの中に入れて食べることもできます。

私はこれをソマチッドたっぷりのお水で毎日育てているので元気です。みつろうさんが最初にこれに一目ぼれしてお持ち帰りになった後、私は何も言ってないのに、突然、みつろうさんがソマチッドの話をし出したんです。

みつろう　俺がソマチッドの話をした？

サイトウ　しました。私はすごくびっくりしました。

みつろう　俺はソマチッドの話、8年前とかにはしたけど……。

サイトウ　いやいや、長野でされてました。なので、みつろうさんの敏感さに驚きました。

みつろう　それ褒められたの？

サイトウ　はい、そうです（笑）。
あと、黒もちトウモロコシがあります。これです。

みつろう　わあ、すごい、タネだ。
俺たちが食ってたトウモロコシってタネなんだね。

サイトウ　これはモチモチしていて、昔はこれでお餅をついたそうです。

1本食べると本当におなかがいっぱいになる。

今、市場に出ているスイートコーンみたいな甘さではないです。

本当に自然な甘さで、ほんのり甘い感じです。

トウモロコシも1種類植えると、25メートル以上離さないとタネがまじっちゃうんです。

みつろう　じゃ、隔離しないといけないんだね。トウモロコシ同士が周りにいると、きついということね。

サイトウ　ダメです。私も隣りの畑のトウモロコシが1粒だけ黄色いのが出たり、隣りの人のトウモロコシも1粒だけ黒いのが出たりしたので、1種類植えたら、必ず25メートル以上離す。

みつろう　25メートル以内にトウモロコシがいなければいい。

サイトウ　そうです。そこに気をつけて、皆さん、お持ち帰りください。以上です。

みつろう　ほかに持ってきたタネを自慢したい方いれば。私が持ってきたタネは、4キロ四方、爆撃するのよみたいなのが何かありますか（笑）。ないね。

じゃ、皆さん、タネの交換をする前に、写真とか撮ったら？　これだけそろっている状態の写真。

あかね　撮りたいです。

みつろう　じゃ、今の話を踏まえて、皆さん、タネを持って帰ったら、できる限りふやして、また交換できるような形で。

あかね　じゃ、皆さん、タネを袋に入れたり、取ったりしていただいて。種を取る組と、御飯を取る組に分かれましょうか。御飯の準備がもうできてますので。

Section 4

全ては一つ　ジントヨーなら俺にもみんなにもいいことが起こる！

みつろう　自分は好きなことでもないことをやっているけども、好きなことをしている人もいるんだなと思ったんだけど、もうちょっと広い視野で見たら、あの人も自分だと思えてしまった瞬間があって、あの人は今、俺のかわりにバナナボートをしていると思ったら、なんか俺が心地よくなった瞬間があった。

そこら辺をこの歌にいろいろ込めようと思って、全ては一つという感じの曲にしました。

そのときに思ったのは、その人も俺で、この人も俺だったら、俺にい

いことが起こらなくても、あの人にいいことが起こった分、多分俺にもいいことが起こるんだなと思って、歌詞に書いたのが、

運動会の朝に雨降れば悲しいけど
草木は喜んでる
ジントヨー　私が泣いても
ジントヨー　誰かが笑ってる

俺って天才じゃない？（笑い・拍手）
今から8年前のサノバロックのアルバムなんだけど、アルバムをつくらないといけないというミッションのもと、ボーカルのヨコチャンと車で2人でいるときに、イベントが始まるまであと何分というところで、この曲を書いたの。
「ジントヨー」というのは「本当にそうです」という意味です。

ジントヨー　私が泣いても
ジントヨー　誰かが笑ってる
（演奏しつつ、みんなで歌う）
ジントヨー　ジントヨー　ジントヨー　ジントヨー

はっちゃんも来てくれたので、前座のところでＡＫＩＲＡさんとはっちゃんをまたいでやっていたんですけども、別に調子に乗っているわけじゃないので（笑）。

（演奏・手拍子）
花も海も森も　ビルも嫌な奴も
同じ地球に包まれてる
ジントヨー　全ては一つ

ジントヨー　今でも一つ
（合唱）ジントヨー　ジントヨー　ジントヨージントヨー
運動会の朝に雨降れば悲しいけど
草木は喜んでる
ジントヨー　私が泣いても
ジントヨー　誰かが笑ってる
（合唱）ジントヨー　ジントヨー　ジントヨー
ジントヨー
全てが嫌な夜に　屋上の柵越えたら
街が輝いていた
ジントヨー　死ぬには早い
ジントヨー　良いことあるさ
（合唱）ジントヨー　ジントヨー　ジントヨー

子供を叱ったパパが
風呂あがりのリビングで
嫁に叱られている
ジントヨー　みんな未熟さ
ジントヨー　みんな未熟さ
（合唱）ジントヨー　ジントヨー　ジントヨー　ジントヨー

大好きなあの娘は
手には入らないけど
「想うだけで」幸せ
ジントヨー　あなたが居れば
ジントヨー　優しくなれる
（合唱）ジントヨー　ジントヨー　ジントヨー　ジントヨー

幸せを求めて今日もまだ歩いているけど
「歩く」この幸せ
ジントヨー　果てなんて無いさ
ジントヨー　果てなんて無いさ
（合唱）ジントヨー　ジントヨー　ジントヨー　ジントヨー
（数回繰り返して終了。歓声・拍手）

Part 2

植物と脳内麻薬とシャーマンの本質

Section 5

植物との対話は台湾語!?
第三の目あたりにメッセージが来る！

みつろう　それではお迎えしましょう。

お二人ともシャーマンでございます。

ではまず近いところから、僕の石垣島が誇るシャーマン、はっちゃんです（拍手）。

世界を旅するシャーマン、ＡＫＩＲＡさんです（拍手）。

はっちゃん、ＡＫＩＲＡさん、よろしくお願いします。

きょうはセカイムラのタネ交換会・豊年祭ということで、セカイムラ事務局のあかねさん初め、いろいろな人が企画してくれたんだと思うんですけども、特にこういうことを話してくださいという指定もないですし、これは話さないでくださいという指定もないらしいので、別に話さなくてもいいし、今終わってもいいという自由な……（笑）。

あかねさん、時間はどれぐらい話せばいい感じでしょうか。

あかね　お時間としては1時間ぐらい。

みつろう　1時間ぐらいということは、20分ずつ話せますね。

では、僕はインタビュー役に徹しますね。それでいいですか。

あかね　ありがとうございます。

みつろう　まずは気になります、きょうの午前中を盛り上げてくれたはっちゃんから（拍手）。

僕たちが一番知りたいのは、植物と会話をするとか、エネルギーを読むというのは、はっちゃんは誰でもできるよと言うんですけど、そこら辺の話をいただければ。

はっちゃん　誰でもできます、台湾語ができたら（笑）。

何も持たなければ、植物って全部つながってくるんですよ。

伝えたいことは第三の目のあたりに伝わってきますね、エネルギーとして。「ここに来て」というのは、映像とかが見えてくるんですけど、何もジャッジをしないという姿勢でいると、全部伝えてきてくれるので簡単です。

みつろう　なるほど。

はっちゃんは、AKIRAさんもそうだと思うけど、自分の内側に何もなかったら、相手が言ってくることは、もちろんコミュニケーションはできるわけだから、きょうはこんちゃんさんも言うとおり……。

こんちゃん　こんちゃんさんだと、アグネス・チャンさんみたい（笑）。

みつろう　僕も、はっちゃんがアグネス・チャンとよくまざっちゃう。

こんちゃん　似てるからね（笑）。

はっちゃん　色白が似てるから？

みつろう　はっちゃんと僕は何年かいて、ＡＫＩＲＡさんよりもちょっと短いんですけども、何となくわかってきたのは、色白を褒められたがるんです。

AKIRA　そうなんです（笑）。

みつろう　「藤原紀香です」という自己紹介は、僕は何となくわかるんだけど、よく「色白です」と言う。

ごめんなさい、こういう言い方をするのはあれだけど、石垣島だから黒いって気になるのかな。

黒くないいんだけど、色白をいつも押してくるんですよ（笑）。

俺の中の価値基準に、色白がいいことだというのがなくて。むしろ僕は男で、沖縄にしては結構色が白いほうなので、色白に対するいいなという思いがないのに、はっちゃんはよく色白と言ってくるから……。

はっちゃん　ネタです。

AKIRA　多分、美肌のCMとかをよく聞いていた世代のギャグだと思います。

みつろう　雪肌精。

はっちゃん　28歳だけど、バレちゃったね。

みつろう　きょうの午前中いなかった人のために言うと、はっちゃんの年齢は増減します（笑）。ふえたり減ったりする。年齢が一定じゃない。

はっちゃん　でも、朝からは一緒です。

みつろう　きょうは一緒か。それはそうでしょう。

Section 6

天国への近道は地獄を通ること!?そして自我を消すのがポイント！

みつろう　お二人はきょうのこの場所、光楽園をどういうふうに見ましたか。

世界中を旅して回ったＡＫＩＲＡさん、そして植物界の声も聞こえてエネルギーが敏感に読めるはっちゃんから、光楽園はどうなのか感想が欲しい。

ＡＫＩＲＡ　磁場は集まる人によって結構変化するので、この場所がいい磁場だからどんな人たちが来ても大丈夫だみたいなところというよりも、そこに今かかわっている人たちが、刻一刻と磁場をつくっているという感じです。

だから、もし気功の会でライブしてくださいと呼ばれてここに来たら、「ここ、どうだろう」と思ったかもしれないけど、きのうライブをここでこのメンバーでやったから、今は、むっちゃいいじゃん、この磁場と思う。

ライブもそうなんだけど、やっぱり集まった人が、全員がクリエーターとして磁場というものをつくっていくんだよね。

はっちゃん　そうです。

だからどんどん変化していっていいと思う、あまりとどまることなく。

AKIRA　年齢の増減のように。

光楽園（レイビレッジ）の中にあるピラミッドハウス（上）とその内部（下）

吸い込まれるような空間
ピラミッドハウスの全体。
本物のピラミッドと相似
形で作られている

純正律のピアノ（ピラミッドハウス内）

（左）みつろうさん（中）はっちゃん（右）AKIRA さん

（上）農家さんからお祭りで使ってと頂いた紫米
（下）はっちゃん（入口初美さん）がスープから手作りした八重山そば

(上) 沖縄の祭の行列、道すないを再現
(下) おどけるみつろうさん

（上）與井《よい》神社前で稲の自然乾燥
稲架掛《はさかけ》

（下）與井神社石碑

水晶は「人の想い」を吸い込むそうです。
光楽園での楽しい仲間たちとの思い出や、喜びの波動、また「ありがとうを100万回唱える合宿」も行われていたので、全国の「ありがとうの波動」も吸い込んでいる水晶。
その水晶を、光楽園の側を流れる清流で浄化し、満月の光でも浄化し、更には奈良県警へ捜査協力もしている凄い霊能力者からお電話を頂き「その水晶は浄化すればパワフルな石になる。特別な祈祷によってお寺で30年祈った強力な御塩を送るからそれで清めなさい」と、光楽園のためだけに特別にその御塩を譲っていただき浄化。
こうして、とってもパワフルになった「100万回の有り難う水晶」が完成

光楽園（レイビレッジ）内の宿泊施設

別荘名：コテージレイ
所在地：兵庫県宍粟市山崎町与位800-20 レイビレッジ内
問い合わせ先：kourakuen.36@gmail.com

はっちゃん　そうです（笑）。そのほうが大きな輪になっていくんですよね。とどまっていると、やっぱり小さくなる。

ＡＫＩＲＡがよく言うのは、波動を上げたかったら無駄に動けということで、無駄なことほど、すごく大事なことだと伝えてくれた。

私が２０１５年に死んだときに、ＡＫＩＲＡからそういうふうに言われた。私は何もできない体だったので……。

ＡＫＩＲＡ　息子たちの食事もつくれないし、ハブに嚙まれた後は寝たきりで、申しわけない、申しわけないという意識だった。

みつろう　はっちゃんが？

ＡＫＩＲＡ　このはっちゃんが。意外に働き者なの。ものすごく子どもの面倒を見る。

みつろう　いつもはっちゃんはサヨナラするときに、「子どもたちをよろしくね」と僕に言うんです。

僕の子どもたちを、僕がちゃんとよろしくねということで、この挨拶はすてきだなと思う。

はっちゃん　子どもたちって、みんな。

AKIRA　みんな、世界の子どもたちでしょう。

はっちゃん　そのときに、無駄なことほど、すごく波動が上がることなんだよと教えてもらったりとか、あと、手がダメで水まきができなくなっていたので、「私、何もできないの」と言ったら、AKIRAに「何もしないのが神の愛だよ」と言われたの。

AKIRA　そんないいこと言ったんだ、俺（笑）。

はっちゃん　言ったのよ。

みつろう　覚えてないの？

AKIRA　全く覚えてない。

はっちゃん　ＡＫＩＲＡのすごいのは、自分はそのときの私には完璧に向き合っているんだけど、あとは無責任なわけよね。

皆さんわかると思うけど、責任感はない。

無責任、学習能力はない。すばらしい。そういう人ってあまりいないじゃない。

目の前の私を見てくれているから、私の言っていることに一切ジャッジはしないけど、自分が世界を回ってきた知識の中で私に伝えてくれる。

でも、いいとか悪いとか、こういう意味だよなんて一言も言わない。


AKIRA　きのうのライブも、俺の持っているいろいろな知恵とか叡智とか、世界から預かってきた長老たちの知恵とかを、馬を水場に連れていくけど、無理やり飲ませないというか、飲むのは馬の自由だという感じ。

あとは勝手に治る人は治って、まだタイミングが合ってない人はそのままでみたいな感じで。

我々はみんな1対1の相談とかは受けなくて、集団療法みたいな感じなわけじゃん。それが大切だよね。

はっちゃん　ということは、私たちは馬だったのね。

AKIRA　あのとき、ちょっと顔が長かったからね（笑）。

みつろう　結構長いおつき合いなんですね。何年ほど？

AKIRA　15年ぐらいですね。

はっちゃん　なんかもう忘れているよね。

みつろう　ハブに噛まれる前のはっちゃんを知っているということですか。

AKIRA　知ってる。はっちゃんの息子の高校でライブを頼まれたりとか。

みつろう　八重山商高で？

はっちゃん　石垣第二中学校と、八重山商高でやって、先生方、子どもたちがバンと変わるから。あのときセイちゃんも来てたんだよね。

AKIRA　亡くなったんだけど、全身やけどの人が来て、その話をしてくれた。

はっちゃん　新聞にも大きく載って、先生方が変わった、半年ぐらいで。一つのきっかけでやっぱり変わるんですよね。

ＡＫＩＲＡのいいところは、こう見えて、そういうとき前に出ないんですよね。

セイちゃんをちゃんと前に出して、セイちゃんもすごく喜んでくれて。

AKIRA　そのやけどした人は、ずっと柱の陰に隠れて暮らしていて、そして俺のライブについてきてくれるようになってからも、片づけとかそういうのをやったら、柱の陰にすぐ隠れる。

全身大やけどでドロドロの手足だからね。

それを、せっかくこれだけの試練をくぐってきたんだから、そのお話をみんなにしてあげてと言ってステージの前に出した。

最初はしどろもどろだったんだけど、震災のときに彼に話してもらったら、たくさんの人が泣いて、自分は子どもを失ったとか、家も流されたりしたんだけど、今のサトウさんの苦労に比べたらまだまだ小さいなと思って生きる勇気をもらいましたと。

それでサトウさんもだんだん自信をつけていって、毎回、俺のステージでは、出て話をしてもらうようになったんです。

みつろう　サトウさんという名前なんですね。

AKIRA　サトウさんです。

みつろう　会話からちょっとずつヒントを得ていかないとわからないからね。

AKIRA　間を飛ばすからね。

みつろう　シンイチかシンジか、何かもうちょっとあると思うけど。

AKIRA　セイジ。

みつろう　セイちゃんね。

はっちゃん　自分ができる人は、相手のいいところを見つけられるから、ＡＫＩＲＡはそういう意味では天才だよね。

AKIRA　はい、はい。

あと、今思い出したんだけど、はっちゃんが言った、頭を空っぽにするというのは、完全にバカになっている状態というよりも、自我を消した状態でいたほうが相手の話も入ってくるし、いろいろなものが自分の中で循環する。

水がいっぱいまで入っているコップに幾らついでもこぼれるだけだけど、はっちゃんのようにいつも頭を空っぽにしていると、何にも覚えてないし、きのうの苦労も忘れている。

そういう状態でいると、常に新しい自分で、若返っていられる。

はっちゃん　ああ、なるほどね。

AKIRA　その水の上限によって、はっちゃんの年齢が変わってくる。

はっちゃん　ありがとう、AKIRA。答えがわかったわ（笑）。

AKIRA　自我を消すって、ポイントだよね。

みつろう　僕はできないな。

AKIRA　いや、消してるって。

みつろう　消えてないよ。

はっちゃん　いるかどうかもわからないよ、今。

みつろう　ほんと？（笑）ほんとかな。消えてた？　俺、無我の境地に今いた？　よかった、無我になれてたんだ。

AKIRA　だって、きのうも全盲のこんちゃんを紹介したら、真っ先にアテンドを入れて、真っ先に客になってくれたみたいで、ほかの人たちも「続け！」って感じで大盛況だったものね。

こんちゃん　はい、おかげさまで。ありがとうございます。

みつろう　ただ、僕は多分、完全なる自我で、俺が最初に行けば、俺ウケるんじゃねえのと思って。

ＡＫＩＲＡ　なるほど。かえって頂点まで行った逆の……。

みつろう　そう、超自我。

俺、こうやったら、みんなにいい人って思われんじゃねえって（笑）。それできのうは動きましたけど。

はっちゃん　すばらしい。

ＡＫＩＲＡ　そうだね、新しい説だね。天国への最大の近道は、地獄を通っていくことだと言われるのと同じようなことだよね。

超自我まで達すると、そこから向こうは自我が消えた世界になるということだ。

みつろう　何を言っても褒められる（笑）。

きょう俺が何を言っても、多分どうにか褒めてくれるから、どれほど俺が汚いやつかというのを言ってみましょうかね。

それでも二人は褒めれると思うので。

はっちゃん　いや、AKIRAは幾らでもある。

残念ながら、そこは戦わないほうがいい。

みつろう　自分の汚さ？　自我のすごいところ？

はっちゃん　いいところを見るところ。幾らでもあるからね。

みつろう　幾らでも見れるんですね。

はっちゃん　学校とか、ほんとにいいですよね。

みつろう　学校の講師として？

はっちゃん　そうです。高校生のヤンチャな人が、全員前にならえ、で聞くね。

Section 7

コカインを売ってヘロインを打つ!? 壮絶なるAKIRAの人生!!

みつろう　きのうライブで気になったんですけども、ある時期のAKIRAさんに会ったら、椅子にグルグル巻きにされて、シャブ中にされたって、あのくだりが全然理解できなくて。
あのくだりだけできょう40分、いいですかね。

AKIRA　23歳から5年間、アメリカでニューヨークを中心に住んでいて、麻薬の売人をやっていて、コカインを売って儲けたカネで自分のヘロインを買って、毎日、1日3回、規則的にちゃんとヘロインをやっていた（笑）。

コカインを売らなくちゃいけないから、顧客をふやす方法は、試供品を「どう、試してみない？」みたいな感じで。

それの激しいのになってくると、その人が嫌だと拒んだら、椅子に縄で縛りつけて、腕に注射をしてジャンキーにして、お客さんをつくるという、そういうあくどい商売を3年ぐらいやっていた。

みつろう　よかったね、会えた日がきょうで（笑）。

はっちゃん　そうだよね。グルグル巻きだったら大変だったね。

みつろう　でも、そういうことをされてたんですね。

AKIRA　そうです。

みつろう　コカインを売って、ヘロインを自分に打つというのは……。

AKIRA　商売はコカインを売りさばく。その収入で自分のヘロインを買う。

みつろう　自分はヘロイン。違いが僕たちにはわからないから。

AKIRA　コカインというのはシャブと同じで、アッパーといってハイになるんです。

俺は全能だ、スーパーマンだみたいにね。

ヘロインというのは、全てを忘れてプールに浮かんで至福みたいな。

ニルバーナの境地はそっちだね。

何もしたくないし、これだけで満ち足りた……。

要するに、痛みどめのオピウム（アヘン）を精製するとモルヒネになって、それをさらに精製するとドラッグのヘロインになる。

みつろう　じゃ、ケシの花が最初で。

ＡＫＩＲＡ　そうそう。

みつろう　アヘンから始まって、精製度によって違うんだ。

ＡＫＩＲＡ　そう、段階によってね。

みつろう　今のがヘロインで、コカインのほうは？

ＡＫＩＲＡ　コカインのほうは、コカの葉が原料で、昔ペルーの鉱山職人というか、山で働く人たちが高山病になりやすいし、空気が薄いと仕事がはかどらないわけ。

俺も一緒にアンデスに登ったりするときには、口いっぱいに、リスみたいなホッペになるぐらいまでコカの葉を入れて、嚙みながら登っていくと高山病にならないんです。

山の頂上でも息切れもしないし、アンデスみたいな高いところでも活動できるわけ。

そういうふうに使われていて、コカの葉を精製するとコカインになるわけだけど、中間ぐらいにあったのがコカ・コーラで、昔は実際にコカの葉が入っていた。

みつろう　今も入っているんじゃないですか？

ＡＫＩＲＡ　今は入ってないと思うけど、フロイトのころ、１９３０〜

40年代までは、コカの本物が入っていたんじゃないかな。
それでたくさんの中毒者がフランスとかヨーロッパに出てしまって禁止になった。

みつろう　コカ・コーラは最初、皆さんの体を健康にしたいといって、いろんな根っこを生薬のようにやったのが始まりだから、みんなを癒やしたいというのから始まっていった。
今はどうなっているかわからないけれど。

AKIRA　はっちゃんのイノー茶というのも、最初は試供品で無料で俺は配られたんだけど、中毒性がある。

みつろう　皆さん、飲んだことあります？
はっちゃんがイノー茶というお茶をつくっていて、それは次元が違うお茶というか、いろんなお茶を飲んできたけど、はっちゃんは植物と話せるからなのかわからないけども、配合が完璧で本当においしい。

AKIRA　俺は5日後にスリランカに行くんです。毎年、大体3〜4カ月はスリランカに住んでいて、1日5キロぐらい海で泳ぐんですよ。それでイノー茶を飲むと調子いいので、ついつい毎日飲まされてしまうわけです。

はっちゃん　今回持ってきてない、ごめん。

AKIRA　大丈夫、あと1個あるから。向こうにも置いてある。そのくらい味もおいしいんだよね。はっちゃんのハーブは本当に魔法ですよ。

みつろう　あれは魔法ですよね。コカ・コーラより中毒性がちゃんとある（笑）。

AKIRA　中毒性というけど、いい作品、大ヒットしたアニメであろうが、マンガであろうが、本であろうが、音楽であろうが、レストランであろうが、何が違うかというと、より多くの脳内麻薬を出させたものが、いい作品として評価され残っていくわけです。あらゆるジャンルでね。

だからここに人が集まってくるのも、ミッチーを初めいろいろな人たちとの交流によって脳内麻薬を出させているわけだ。

これが減ってくると、「きょうは行くのやめようかな」みたいになってくる。

みつろう　脳内麻薬は何の成分？

AKIRA　オピオイドかな。

みつろう　DMTじゃなくて？

AKIRA　アッパー系のものあるけど、どちらかというとオピオイドはダウナー系で、「ああ、リラックスできる」というほう。

みつろう　それを出しているやつがヒット商品になる。

AKIRA　まあ、両方。脳内麻薬の量が多ければ、どんな種類でも必ずヒット商品になる。

みつろう　歌にしろ、レストランにしろ、ヒットしているところは最初に脳内麻薬を出させている。

ＡＫＩＲＡ　より多くの脳内麻薬を出させたところがヒットしています。

はっちゃん　それは必要としているものがあるということよね。渇いてるものがあるから。

ＡＫＩＲＡ　それもあるね。その人にとってという意味でね。

はっちゃん　なるほど、おもしろい。深い話になったね。

みつろう　そんなに深くない（笑）。

Section 8

覚醒の植物アヤワスカのことならAKIRAに聞け！

みつろう　ちなみに、今、アヤワスカというのが沖縄で超有名です。皆さん、アヤワスカって聞いたことありますか。世界中にはそれぞれの場所にシャーマニックな儀式に使うための植物がちゃんと生えていて、日本だったら大麻とかがあるんですけど、アヤワスカは南米ペルーですよね。

AKIRA　アマゾン全部。

みつろう　アヤワスカというお茶があって、今でこそセレモニー用として沖縄ではめっちゃはやっているんです。
　多分、疑似アヤワスカだと思うんですけども。

AKIRA　あれは多分、違法になったんだよね。
　10年ぐらい前に、大阪かなんかで集会でアヤワスカを飲む儀式があって、一人がキャンセルしたので、その穴埋めをするために通りがかりの人を入れちゃったんです。
　その人は何が起こっているかわからなくて、パニックになって外に飛び出して、マンガ喫茶かなんかで放火しちゃった。

みつろう　アヤワスカをやった状態で？

AKIRA　そうだね。その当時、俺は講談社から『アヤワスカ！　地上最強のドラッグを求めて』という本を出していたので、インタビューが週刊誌から何本も来た。

アヤワスカといえばＡＫＩＲＡに聞けみたいになっちゃって。

みつろう　それを紹介したかったんです。

彼は日本に初めてアヤワスカを紹介した人なんです。その本が電子書籍で『アヤワスカ』という名前で出てます。

ユーチューブの青汁王子って知ってますか。

青汁王子が半年前ぐらいにアヤワスカをやってきたという動画を上げて、日本で今、さらに大ブームに。

アヤワスカという単語は出してないんだけど、ペルーかどこかに行って、そういう儀式をやってきたよと言ったのがアヤワスカなんです。

それを日本に初めて引いてきた人です。

AKIRA　もっと前の人もいるだろうけど、どういうものかを本でちゃんと出したのは初めてだと思う。

それはどういうものかというと、LSDという最強の幻覚剤。

麻薬というのは、コカイン、ヘロインとかの粉になっている体に効くやつのほかに、幻覚剤といって、LSDとか、『神の肉　テオナナカトル』という本に詳しく書いたんだけど、いわゆるマジックマッシュルーム、そしてアヤワスカがある。

これらはドラッグの中でも幻覚が見えるものです。

LSDというのはライ麦などの穂に寄生する麦角菌から人工的に合成された化学薬品で、マジックマッシュルームはキノコ、アヤワスカはつる草です。

アヤワスカは寄生してクルクルとつるが絡まって、それを10人ぐらいで引きずり落とすわけ。

俺の腕ぐらいの太さがあって、それをナタで切ってほどよい長さにして、みんなで木のトンカチでたたいて潰して、それを水で煮出すんです。

そうするとその中の成分が出てくる。

その単体のアヤワスカのお茶だけを飲んでも効かないので、そこにチャクルーナという薬草、違う草を入れて初めてDMTという幻覚を起こす物質になる。

それは、LSDの1000倍と言われるぐらい強力です。

みつろう　そうなんですか。

AKIRA　アヤワスカは、マジックマッシュルームの100倍ぐらい強力です。
キノコの幻覚は優しいので、よくメキシコ人が例えるのは、子どもたちが5人ぐらい輪になって踊って、さあ一緒に遊びましょうと連れていかれるみたいなゆったりとしたトリップなんです。

ところがアヤワスカの場合は、飲んで10分か15分ぐらいすると、いきなりガーンと嵐のように連れ去られる。
それが最初、慣れないと恐怖。とんでもない幻覚世界に連れていかれる。

はっちゃん　AKIRAはやったことは？

AKIRA　20回ぐらいある（笑）。

みつろう　でも、アヤワスカはアカシア茶までは合法だったはずですよ。何でこんな話をしたかというと、うちの畑にソウシジュ（相思樹）という木が生えていて、ソウシジュの樹皮が自然界で一番DMTの含有量が多いからです。
DMTだけとっても、体の中にDMTを抑えるものがあるから、その作用を阻害する薬も一緒に入れないといけないんですね。

だからアヤワスカは両方入れるんですよね、多分。

AKIRA　そうそう。

はっちゃん　ソウシジュはお茶にして薬草としても飲めるよね。

みつろう　そうなんですか。

AKIRA　それはトリップも何もなしで。

みつろう　トリップするには、何かをまぜないといけない。

AKIRA　入れちゃうと、トリップする。

はっちゃん　多分何かが起きるんだろうね。

みつろう　反応が起きる。

でも、そういう力を借りないでも、今の世の中はちゃんとそういった世界とつながる人が多い気がする。

はっちゃん　じゃ、アヤワスカって怖いね。

AKIRA　何も知らないでやっちゃ絶対ダメ。遊びでやっちゃダメ。日本で薬草として合法だった時代に、渋谷の街角で買ったという人たちは、みんな暴れたり狂ったり。

俺の知り合いで、公園の池に飛び込んで窒息死した人もいるし、ビルから飛び降りたやつもいた。

そのくらい強力な幻覚を見ちゃうので、絶対にちゃんとしたシャーマンとやらないとダメ。

みつろう　そう、儀式として、セレモニーとして。

AKIRA　何百年の伝統をちゃんと持ったシャーマンが歌を歌ってくれて、始まってから終わるまで、大体6時間ぐらいかかるんだよね。夜半から夜明けまで。その間、シャーマンの歌を聞きながら、静かにトリップする。

みつろう　ペルーではそれが病院でできるらしい。

AKIRA　今は病院でもできるんだね。

はっちゃん　わあ、怖いね。でも、いいよね、持っていかれなくても。

AKIRA　もういいでしょう。はっちゃんはナチュラルトリップそのものだから（笑）。

生きるアヤワスカと呼んでもいいと思う。

みつろう　あかねさん、ずっとドラッグの話をしています、この人たち（笑）。

セカイムラのイベントでずっとドラッグの話をしていていいんですかね。

はっちゃん　でも、普通の人は体験している人と会うこともないし、貴重な話よね。

みつろう　そう、貴重。

喜納昌吉さんは国会議員だったけど、覚醒剤と大麻をやったことがある国会議員は、多分彼だけだから、すごい貴重だと思って。
別に俺が言っているだけじゃなくて、ちゃんと捕まっているから。

はっちゃん　そこに戻るのね、やっぱり。

みつろう　ああ、そうか（笑）。

はっちゃん　でも、もしかして空の状態というのがあるとすればですよね。自我がなくなった状態。

AKIRA　もともとアヤワスカもキノコもトリップのために使われたんじゃなくて、病気の治療のために伝統的にずっと使われてきたので、はっちゃんの薬草医学と全く同じ状態になるんですよ。

さっきの空の状態というのが知りたいというのは、例えばピラミッド構造になっていたとして、一番上が意識です。

四つに分かれるとしたら、2の階層から無意識の状態になるんですね。

この2番目は個人無意識です。

それはトリップして大体2時間後ぐらいに起こるかな。

1時間ぐらいの間は、目に幾何学模様が出てきたりとか、絨毯《じゅうたん》が足を上ってきたりとか、壁が飛び出したりとか、ビジュアルなトリップが始まります。

その第2段階に入ってくると、自分のくぐった過去が鮮明に思い出されてきて、そこで悔しかったら泣いたりとか、ありがたい気持ちになってまた泣いたりとか、個人の過去、無意識ね。

その次が集合無意識といって、人類全部がくぐってきた記憶という場所に連れていかれるんです。

ここで普通、終わりなの。

シャーマンも、絶対それより下には行くなと釘を刺されて教えられています。

その下には、言うなれば宇宙無意識みたいな部分があるんです。

俺は20回、アマゾンとアンデスで繰り返しやっていて、どうしても一番下の人間のベースになっている宇宙無意識というところまで行きたいと言ったんだけど、何人ものシャーマンがそこだけは絶対ダメだと。

ナイフを腹にぶち刺して死んだ弟子もいるんだから、とにかくそこには行くなと言ったんだけど、最後の最後に、どうしてもそこに行きたいと。

自分のトリップ経験では、巨大な扉が目の前にあらわれるんですよ。

そこをノックしても、最初は答えがない。

「どうしても最後の扉の向こう側を見たいので、僕はずっと何十年間もこうやって世界を旅してきました」みたいなことを言ったら、光がバーッと来て、自分がスキャンされるような感じなのね。

なかなか開けてもらえなかったんだけど、最終的には、「わかった」と。

最初は、「人間はこの幸福に耐えることができない」と言われた。

幸福に耐えるってどういう意味なのか。

それがわかったのは、扉の向こうに入ってからでした。

「わかった。あとはおまえの命がどうなってもいいのか」

「いいです。どうしてもこの世界が見たい。見れたら僕は死んでも構いません」

「わかった。入れ」

それでドアがゆっくり開いていくと、向こうから光が漏れてくる。

だんだん目も開けていられないぐらいまぶしい世界になって、そこに飛び込んでいくみたいな感じで。そこにあったのは、完全なる無、空《くう》、そしてとてつもない、幸福とも呼べないような世界だった。

無理やり言葉にしなくちゃいけないんだったら「愛」という言葉が一番近いかな。

とにかく何もない。自分もいないし、他者もいない。

何もない、世界全部が溶けた状態。

例えるなら、プールに浮かんでいるようにそこに浮かんで、あまりに幸福過ぎて、「ここから帰りたくない。一生ここにいたい」と思うんだけど、声が聞こえてきて、「そろそろ帰る時間だ」みたいな感じ。「待ってくれ。もうちょっと、もうちょっとだけ」と言うんだけど、そこから連れ出されて、また階層を今度はすごいスピードで戻っていって、目の前に見える自分の肉体、シャーマンの修行を受けて胡坐《あぐら》をかいて座っている肉体に飛び込んでいって、「ああ、そうだ。自分は今、ここにいて、こういう儀式を受けていたんだ」と意識が戻ってくる。

それが大体6時間ぐらいかかる。

でも、最後のところまで行くのは、絶対禁止みたいなところなんです。

はっちゃん　私はその世界に行ってきたんですよ。

だからつらかったの、生きているのが。

AKIRA　戻りたくないと言ってたよ。

はっちゃん　そう、私、向こうに帰りたいと言ってたじゃない。本当に愛というか、調和というか、何にもないというか。だけど全て満たされているから、そこにどうやったら戻れるかということ以外は、しばらく考えられないんだよね。ただ、私の場合は体に痛みがあったから。

AKIRA　そこでも痛みは感じたの？

はっちゃん　そこは痛みは全くない。何にもないの、しばらくは肉体があるけど。

そこにそのエネルギーが残っているので、それがきつい。
だから人間は忘れて生まれてくるんだろうね、いろんなことを。

みつろう　まさにマムヤスカの世界ですね。

はっちゃん　マムシって言いたかったんでしょう（笑）。

AKIRA　マムシトリップの状態で、死に近づいた。

はっちゃん　やっぱりその世界には行かないほうがいいと思う。

AKIRA　どうせ行けるから、死んだら。

はっちゃん　どうせ行けるから。そうです、そうです。

だから今をこ汚く生きようと思ってるの（笑）。

ＡＫＩＲＡ　「こ」がつくと、ものすごく汚くなるね。

はっちゃん　「こ」がつくといいでしょう（笑）。

みつろう　きょうはこういった話をするには場ちがいかもしれないけども、スピリチュアルが好きとか精神世界が好きという人は、目の前の現実じゃない解決方法を求めてそういう世界に来ているから、ドラッグとの親和性がすごく高くて、やっぱり手を出したくなるし、大麻とかもそうなる。

例えば、こういう神々しい世界があるんだよ、そこに行ったら神が何とかだよということを聞いて、そこに親和性を持っているので、日常の大切さを伝えていくほうがすごく大事だなと僕は思うんです。

僕の周りでも、もちろんやっている人はいっぱいいる。でも、それを見ていて、僕は「なんかそれは違うな」と思うんですね。

例えば、大麻は昔から日本の国の伝統だから、何やかやとあるけれども、ゲートドラッグと言われているとおり、最初はそこから入って行きすぎちゃってる人を見たことあるけど、そこに頼らずともできることはいっぱいあると思うから。

ここに来ている人たちは、そういったことに対してすごく簡単にあこがれを持ってしまう層で、どちらかというと現実を自力でどうにかしていこうというよりも、簡単に行ければなとかそういう感じなので、ちょっと会話としてどうなのかなと思いました。

AKIRA　何がすごいかというと、アヤワスカとかドラッグがすごいんじゃなくて、人間の意識がすごい。

無限の拡張性、広がりがあって、可能性を持っている。

幻覚植物とかドラッグは、たかがそこのドアを開けるための鍵としての力しかないんです。

それは違う鍵を使ってもいい。例えば俺だったら、日常の中の絵を描く喜びとか音楽をつくる喜びとか、それでも全然行ける世界なのね。

だから、それぞれの合法な行き方を見つけていくのがいいよね。

みつろう　バシャールとの今回の対談（『BASHAR2023　AI生命体バシャールに人類の未来を聞いてみた。』ヴォイス刊）で大麻の話が出て、大麻というのは最終的に大麻を使わないでいいようになるための植物ですと言っていたから、そうだと思いますね。

はっちゃん　うん、だから人間の体験でいいよね。

みつろう　人間がいいよ。だからいるわけですから。

はっちゃん　やっぱり帰ってきたときは体が重いから、重力で。

みつろう　そうだよね、重力だけで。

喜納昌吉さんがいいことを言っていて、それは「サレンダー・トゥ・グラビティ」。

重力に降参とか、明け渡すという意味ね。

昌吉さんの話で、赤ちゃんがよだれをダラーッと垂らして、重力に完全に降参している状態が一番いい。

喜納昌吉さんという方は、ＯＳＨＯという宗派のサニヤシン日本代表なんです。

今回、僕のアルバムにも、それを入れさせてもらっています。「サレンダー・トゥ・グラビティ」、重力に完全に抗《あらが》わず。

Section 9

光楽園、ピラミッド、ダイヤモンド、フリーメイソン！

みつろう　ＡＫＩＲＡさんに光楽園はどうでしたかと話を聞いたところから、思いっきりドラッグに行きましたが（笑）、はっちゃんは、どうでしたか。

はっちゃん　水がきれいだし、きょうなんてすごい光だし、すごくいいですね。

水ってどんどん転写していくんですよね。

私たちもそうなんですけど。やっぱり上から下に流れていくので、例えばこういう上にいる人たちが本当にきれいな気持ちでいると、みんながきれいになってくれると思うんですよね。

ここは揖保川の源流になっていると言ってましたよね。

だからとっても重要な場所になっていくような気がしていて。

みつろう　ここにいる人たちの意識がピュアで澄んでないと。

はっちゃん　澄んでなくてもいいんだけど（笑）。

みつろう　下々に影響を与えるということを思いながら。

はっちゃん　それを自分たちが感じると、もっとできることがあるかなと思うんですよね。エネルギーとしてはいいけど、扱い方次第だなと。水があるところは本当に気をつけないといけない。

AKIRA　人間の感情が転写されちゃうんですよね。

はっちゃん　そうです。

どこでもそうなる。どの場所でも。井戸もそうじゃないですか。井戸を1回掘ったら、ちゃんとしないといけない。水を扱うので。今、水の時代と言われているので、余計にそういうふうにしないといけないし、そのためには循環が必要です。

とどまってはいけないので、動き出す。

無駄に動くというのが、やっぱり波動を高めていくのかなと思いながら、いました。まだまだの場だなと思っています。

みつろう　なるほど。これから。

はっちゃん　ピラミッドって、私が見たのは、ギザも三角だったんだよね。

みつろう　そう、これも正八面体になっている。

はっちゃん　だからこういうふうになっているんだなと思いながら、ということは、ここが間《あいだ》になりますよね。

みつろう　ここがまさにそうなるでしょうね。そうすると、ここが正面。本当にそうだね、ここになるね。

はっちゃん　さっき言った「明け渡す」ということを、ここでやっていくといいのかなと思いました。

みつろう　サレンダーをね。

今言ったように、ピラミッドは本当は正八面体なんですよ。

正八面体って知ってますか。

正〇〇面体というのは五つしかなくて、正四面体、正六面体、正八面体、正十二面体、正二十面体。同じ正三角形8個でこの形、正八面体になる。天然のダイヤモンドがまさにこの形なんです。

ダイヤモンドは、フリーメイソンの一派とも言われるデビアス社がカットする前はめちゃくちゃきれいな形をしていて、本当にピラミッドを上下にくっつけた形。

AKIRA　それに細かくディメンションをつける。

みつろう　カットしていくことで、逆にちょっと力を削っているというか。

もとの形を見たら本当に美しい。

はっちゃん　そのままだからエネルギーがすごいんだね。

みつろう　これも下に多分、そういうふうにエネルギーが。

はっちゃん　今、階段からおりてきたときに、そうなんだなと思ってた。ピラミッドは、最初できたときは光っていたんだよね。

みつろう　よくご存じで。生きてました？　そのころ小学生でした？

はっちゃん　小学生のときにビジョンを見てたの。

みつろう　そうしたら年齢が3万何歳になりますよ（笑）。

はっちゃん　ビジョンを見てて、調べたらピラミッドだったのね。だから、人が何か言っても、こうじゃないっていうことはわかるので……。

みつろう　はっちゃんが小学生のころ、ビジョンで見たピラミッドは光っていたの。

はっちゃん　光ってた。

みつろう　僕、エジプトに行ったんですよ。
　エジプトの人たちに「ピラミッドって元はこんなですよね」と言ったら、あれは西暦千何年代にエジプトに大地震が来たときに、エジプトの人たちはものすごくたくましいから、ピラミッドに残っていた化粧板を全部剝がして、それを使ったと。

それまでは、石灰質の岩がペタペタ貼られていてピカピカだったんです。

それを全部取られちゃったから、今、こういうふうになっているけど、最初は鏡のように石灰岩が貼られていた。

中は花崗岩なんです。だからおっしゃるとおり、光っていたらしいです。

でも、そんなことよりも日々の生活が大事なエジプト人たちが全部はがしてしまった。それがすてきだなと思って。

はっちゃん　上が右だったかな、左だったかな、曲がって動くというのがビジョンの中にあって……。

みつろう　ピラミッドが？

はっちゃん　ピラミッド。明け渡したら、いろいろな情報が来るじゃない。3歳ぐらいまでの赤ちゃんはいろいろなものを見たりするから、そういうことだと思う。

でも、見たからといって、何がどうというわけじゃなくて、情報はいっぱい来るから、自分でチョイスして、自分の心地いいところとか、自分の行きたい場所に行くというのが大事かなと。

少しは私たちの意思が動かないとね、選択していくというか。ピラミッドの中に入っていって、やってみてください。

ピラミッドというのは、おもしろい空間ですよね。

きょう、きれいでしょう。太陽の光もすごく入ってきていて、本当にきょうという日にここに来ることになってたんだなと思うのね（113〜114カラーページ参照）。それは気功の団体ができたときから（笑）。バトンを渡していくからね。そんな感じがしますよね。

みつろう　じゃ、皆さん、呼ばれたような形ですかね。

はっちゃん　自由意思で。

みつろう　自由意思で来た感じですか。

はっちゃん　自由意思で、自分たちが約束してたかもしれない。

みつろう　ここで会おうみたいなね、お互いに。

はっちゃん　そう、仲がいいかどうかは別にして（笑）。
でも、ここから変わっていくかもしれないですね。
発展していく力が強いので、そうかなという感じがします。
だから集まってくる人たちの集合意識ですよね。

それで磁場が変わっていくから。

みつろう　来る人のエネルギーで。

はっちゃん　ここにヤクザばかり来たら、ヤクザに……。

みつろう　絶対になるね。もちろんそれはそうだよね。

はっちゃん　だから、私たちは何も持たないでいるのがいいかもしれないなと思います。いろいろなものが本当に豊富だし。

みつろう　水があって、木があって、火がおこせて。

はっちゃん　腐葉土もいっぱいあるし、土の力もすごいし、山の力もあるし、水も太陽もある。
完璧だから、ここを多くの人が循環していけるようになっていったらいいなと思います。

みつろう　いろいろ助けてください。そのために知恵を。

はっちゃん　よろしくお願いします。

みつろう　藤原紀香です（笑）。

はっちゃん　メグ・ライアンと呼んでください（笑）。集合意識だから。

Section 10

世界が誇る⁉　シャーマンAKIRAへの質問

みつろう　きょうは世界が誇る二大シャーマンがおりますけど、皆さん、ご質問があれば。

質問者A　AKIRAさんに質問です。

コカインとかヘロインとかを試すと、脳がその快楽を記憶して、そこから抜けることができないと聞いています。

そういう更生施設もあって、なかなか薬なしでは生きていけないと聞くんですけど、AKIRAさんはもう薬はおやめになっている。

どうやっておやめになったかが知りたいです。

AKIRA　ニューヨークに住んでいたんだけど、ハワイに逃げた。ニューヨークのその部屋で薬をやっていると磁場をつくっちゃうんだよね。とにかく、ここから離れなくちゃいけない。

でも、アメリカ国外に出ちゃうと、それまでの5年間違法滞在だったからアメリカに戻れなくなる。

ハワイはアメリカだから、ニューヨークから一番遠いハワイに逃げたんです。詳しくは、もう売り切れちゃったけど『デジャブ』という本に。

みつろう　アマゾンで買えます。

AKIRA　ハワイのシャーマン、カフナに、いろいろな治療で精神的にも治してもらって、ジェットスキーのインストラクターにいきなりなったんです。

骨と皮しかなくて、ここら辺の血管が全部かさぶたで埋まってたジャンキーが、ジェットスキーのインストラクターになって、しかも同僚がハワイのボディビルチャンピオンのすごいムキムキマン。

そいつに無理やりジムに連れていかれて、「ユア・チキン！」とか言われて、ムチで打たれながらバーベルを持ち上げて、気がついたらものすごいムキムキマンになってた。

そんな感じで健康な体になって、1年後にニューヨークに戻った。

そのまま行ったらまたジャンキーに戻りそうなところだったけど、アンディ・ウォーホルという人の奨学金をもらってアートの学校に行って助かった。

俺にとってのアートのような、ドラッグ以上の快感を得られるものがない人たちが、バタバタ死んでいくのを見てきました。

みつろう　アートがドラッグ以上の快感だったんですね。よかったですね。

AKIRA　本当によかった。ミュージシャンも結構ドラッグのほうが上で死んでいった人が多いけど、ギリギリセーフって感じ。俺と一緒にヘロインの列に並んでいたバスキア（ジャン＝ミシェル・バスキア、グラフィティ・アートをモチーフにした画家として知られる）という画家がいるんですけど……。

みつろう　バスキアと一緒に並んでたんですか。

AKIRA　買い物仲間だったんです。

みつろう　バスキアと。どうなってるの。レベルがすごいですね。

ＡＫＩＲＡ　バスキアはオーバードーズ（過剰摂取）で死んじゃった。キース・ヘリング（アンディ・ウォーホール、バスキアなどと同様に1980年代アメリカを代表するアーティスト）の家にもしょっちゅう遊びに行ってたんだけど、あの人はエイズで死んだ。

みつろう　カート・コバーン（アメリカのロックバンド「ニルヴァーナ」で活躍したシンガーソングライター）はオーバードーズなんですか。

ＡＫＩＲＡ　カート・コバーンはわからない。カート・コバーンの時代と俺はずれてたけど、多分オーバードーズだと思うね。

質問者A　ありがとうございました。

はっちゃん　やらないほうがいいということですね。

質問者A　そうですね（笑）。それ以上の快楽を……。

みつろう　7文字でお答えできる。

AKIRA　それ以上の快楽を見つけてください。

はっちゃん　好きなことでいいんですよね。

何か見つけようとか頑張らなくて、毎日、何かやっていればというのを、どんどん突き詰めていくだけでいいと思うので。

みつろう　ヤクをやっている周りの人は、結構みんな同じことを言う。
最近会った人も、アヤワスカなんですけど、やっぱり「その力を借りないでできるなと思ったよ」と言ってた。その人は強い人なので。

Section 11

植物としゃべれるようになるにはどうしたら良いのか!?

みつろう　じゃ次は、はっちゃんに質問を。――こんちゃんからありますか。

こんちゃん　さっき「植物としゃべれるようになるのは簡単だよ」と言われましたが、自分も最近できるようになってきたので、ちょっとはわかるんですけど、さらにもっとどんどん詳しくなるためには、どういうふうに経験を積んでいけばいいですかね。

はっちゃん　植物のことを詳しく知りたいということ？

こんちゃん　植物と会話をもっと詳しくするにはどうしたらいいのか。ザックリはわかるんですけど。

はっちゃん　今のままでいいと思いますよ（笑）。今のままで完璧じゃないの。いろいろ教えてくることを、素直に聞いていればいいのであって、頑張らなくていいですよ。ちゃんと伝えてきます。信頼してください。

AKIRA　俺がインディアンの師匠に聞いたのは、感情言語というのが別にあって、植物とか動物とかと話すときは、感情言語で話せば相手が何を求めているかがわかる。

そのとき、「僕はここにいるよ」「私はここにいるよ」というのが最初の基本なんだって。

自分がここにいることを知らせるために、鳥が鳴いたりとかして、恋の相手を探したりするので、そこの枝葉みたいなところで単純な会話が交わされるわけです。人間ほど複雑な会話じゃない。

それを知るためには、今、この植物とか動物がどんな感情なのか、悲しみを訴えようとしているのか、おなかが空いたことを訴えようとしているのか、うれしさ、愛情を訴えようとしているのか、簡単に分けて考える。

まずそのどれかから選んでいくみたいにやると、言葉というよりも、大体の相手の感情がわかると言っていたね。

はっちゃん　感覚だよね。悲しみは、基本的に感じることはないんです。植物って、使ってくださいというエネルギーなんですよ。

どの植物も「連れてって」というか、「私たちを使ってください」というエネルギーなので、それが自分に使ってほしいのか、この地域なのか、これからの社会なのかというところは自分が見分けていく。

メッセージを読むというのは、多分、そういうことになってくるんですよね。

私の自我で動いてしまうと、私にとってのものになってしまうんです。自然界で起きることは、大体2カ月後に起きてくるというのがありま す。変に花が咲いたとか、それは2カ月後にこういうことが起きるよというメッセージだったりするので。

みつろう　2カ月？

はっちゃん　大体2カ月後ぐらいです。

みつろう　2カ月だったら、太陽と直結しているかもしれない。

はっちゃん　そうなんだ。様子を見ているとわかりますよね。今までなかった植物があったりとか。そうしたら、だんだんと伝えてくるので、「あっ、この先、こうなっていくな、社会は」とか。

みつろう　どうなっていきそう？　というか、沖縄にアカギというのがあって。石垣にもある？

はっちゃん　枯れたんでしょう？

みつろう　今まで歴史上1回も枯れてないアカギが、3年前からめちゃくちゃ枯れているんです。あんなのを見てると……。

はっちゃん　生き方が変わっていくということなんですかね。本来、命というものは、私たちは親から生まれたと思っているけど、実は魂の世界からだよというふうにひも解かれたりとか、そういうことで植物は変わっていく。

終わる植物にはちゃんと意味があるので。

ＡＫＩＲＡ　枯れるから悪いというわけではないんだ。

はっちゃん　悪いわけではない。自然界の中に、宇宙の中に、悪いことは一個もないから。

みつろう　２カ月というので、さっき何となく太陽と直感で思ったのは、地球に一番エネルギーを与えているのは太陽で、太陽が何で夏と冬を与えるかというと、太陽との距離が近いとかじゃないんですよ。近い日が温かい、遠い日が寒いとかじゃなくて、太陽から来る光線が地球に対してすれすれになるか、それとも直交するかというだけなんですね。懐中電灯を真横から地面に当てたら、すれすれに光が広がっていくじゃないですか。それに対して真上から当てたら、レーザービームみたいになる。

ちょうど6月23日に北半球ではほぼ真上、石垣島なんて北緯24・2度だから、ほぼほぼ真上になる。レーザーポインターで当たるから暑くなるんです。

その計算でいくと、本当は6月23日が太陽界においては最強に暑いはずなのに、一番暑いのは8月です。

その2カ月のずれは何かというと水なんです。

水というのは緩衝体として熱を吸収して、ゆっくりと放出するわけです。水を一番温めたのが6月23日で、一番熱を放出し始めるのが8月だから、8月が一番暑い。

逆も一緒で、12月22日が一番太陽光がすれすれに当たるので寒いはずなのに、一番寒いのは2月になる。

それがあるから、水と太陽が関係したら2カ月のずれが起こるというのは直感でわかる。

言いたかったのは、6月23日のものが8月に現象界で起こるように、植物は太陽と一番直結しているんだなと。

はっちゃん　なるほど、そうね。

みつろう　だから、はっちゃんは、ここら辺を見て2カ月後のことがわかるということですよね。

はっちゃん　わかります。それがおもしろいのよね。

自然界と調和していくというか、それこそドラッグじゃない喜びかもしれない。
安心して生きていけるし。

みつろう　俺が今いいことを言ったときに、(写真を)撮っててほしかった。ドラッグのときだけ撮りやがって(笑)。俺、今いい説明したなと思ったときに、あいつを見たら全然撮ってないじゃん。

はっちゃん　名前はハヤトというのかな。ハヤト、頑張れ。

みつろう　ドラッグはめっちゃ撮ってたのに。

はっちゃん　興味があることにはね、意識はしないけど。

ハヤト　無意識のうちに。

はっちゃん　全部自分の意識でつくるからしょうがないです。

みつろう　じゃ、ハヤトさん、最後に質問を。何でもいいですよ。

ハヤト　困っちゃうな。

みつろう　きのう、ＡＫＩＲＡさんの歌の１曲目で泣いて、きょう、はっちゃんからいろいろ話を聞いて、また泣いて。

はっちゃん　悔し涙ね（笑）。コノヤロー！

ハヤト　ほかの方に。

みつろう　何かお二人に質問ありますか。

Section 12
シャーマニックな能力がどんなに強くてもマイナスにしかなりません!?

質問者B　お二人にいいですか。
自分のシャーマン性というか、そういう能力にはいつごろ気がついたのか、何かきっかけがあったのか、自然に花開いたのかを教えていただきたいです。

はっちゃん　私は、別にシャーマン性があるとは思ってもないし、普通だと思っています。
ただ、みんながいろいろなものを忘れていくのを、忘れない環境にいたというだけ。

みんな生まれているということは、魂と肉体を持って来ているので、みんなそういうことだと思うんです。


みつろう　石垣は、なんかそういうのがあるかなと最近思っていることがあって、ちょっとだけいいですか。

僕は本を書くようになって、いろいろなインタビューの中で「みつろさんはいつごろから、『私とは何か』とかと言っているんですか」と言われて、「小学生のころからですよ」と答えてたんだけど、22年ぶりに石垣島の友達に会ったら、やっぱりみんな小学生のころから考えていたんですよ、「私とは何か」「宇宙の外とは何か」。

だからこれは環境もあるかなと思っているの。

はっちゃん　それは祭りごとが残っているからですよ、きょうやった豊年祭とか。先人からの知恵とか文化には意味があるので、伝承されてきているわけですよね。

みつろう　俺はチキン野郎なので、周りの長老たちと仲よくしたいとか、村に迷惑をかけたくないとかあるんですけど、きょう行くときはそういう意識で行った。

この門より先は、できる限り変なことをしない。

でも、帰ってきて、子どもたちがここにいるのを見て、子どもたちの前でこうやってやっていて、誇らしくなった。

子どもたちにこういう音のメロディにしろ、やっていることにしろ、やっぱり1回記憶に焼きつくから、全然向こうでもやればよかったなと思った。

僕は社会がどうとかと考えて、向こうではやらないと言っていたけど、ここに誰かの子どもたちがいて、それにはっちゃんがこうやってくれたおかげで、この子たちの人生を変える。

だって伝統文化って、こんなにずっとやってきて、こういう意識のやつが多分なくしていくんだなと思ったから（笑）、やったほうがいいと思ったの。

迷惑と言われようが、これでコロナでこの村の全員死のうが、やったほうがいいと思った、本当に。

はっちゃん　多分、ここも祭りごとがあるはずなので。

みつろう　ある。絶対ある。ないと、あんなに神社がきれいじゃない。

あの神社のきれいさがわかる？　どれほどここの人たちが神様を大事にしているかというのが、あの神社に行ったときわかった。どれだけ手をかけているか。

はっちゃん　今回はこちらでやったんだけど、もしかしたら地域の方と一緒にやるというのが一番いいかなと思う。

みつろう　それは来年以降、できるかもしれないね。

はっちゃん　だんだんとエネルギーが循環していくと、みんなで認めるというか。だからコミュニティって大事なんですよね、文化を継承していくために。

みつろう　俺が咳をしたら、水を出してくれるあかねさん、すごいと思わない？　多分渇いているんだろうなと。

はっちゃん　咳したのに気がつかなかった。

ＡＫＩＲＡ　俺も気がつかなかった（笑）。

みつろう　気遣い10段とかなんですよ、あの人は多分。僕は会話していて、「ありがとうございます」のタイミングがいつもわからないんです。

そこで「ありがとう」と言う必要がないところで、いつも「ありがとう」と言っているから。心がこもっているのかどうか知らないけども（笑）。

本当に気配りがすごいんですよね、あの人は10段だから。

はっちゃん　見えないところが見える人はすごい。土台ができているからね。

みつろう　シャーマンだということに、いつ気づいたのか。

AKIRA　俺は見えないものが見える人ではないんです。

例えばそういうものが見えちゃったら、世界中のホテルを泊まり歩いているわけだから、怖くて泊まれないよね。その能力は全くない。

ものをつくったりとか、歌が降ってきたりとか、絵のインスピレーションが降ってきたりとか、そういう創作の部分だけシャーマニックな能力が突出しているタイプでよかったなと。

そのほか思うのは、見える人とか聞こえる人というのは、無数にたくさんいるのよ。

ただ、その人たちは自分ではその気になって、そういう特殊な能力があると威張っているけど、その能力をコントロールして、自分や誰かのために使えて初めてシャーマンと呼ばれることができる。

ただ聞こえる、見えるというだけで、その能力を使って、「あなたに悪い霊がついている」と人を脅したりとか、そういうふうに使う三流シャーマンのことは、全く信じないほうがいいよ。

本当に一流の人たちは、そういうネガティブなことは言わないです。

その人が次のステップに行けるように、背中を押すようなことをする。

だから人間として成熟してないと、シャーマニックな能力がどんなに強くてもマイナスにしかなりません。

一番大切なのは、人間として人を思いやる心だったり、好奇心だったりとか、暗いところに引っ張られる力からどう身を切り離していくかとか、そっちの能力を磨いていって、一人の人間として人格的にも成熟した人を目指したほうがいいと思うよ。

そっちの能力を高めるんじゃなくてね。コントロールできるようにならないと。

どうでしょうか。

みつろう　質問したけど、寝てたね。

質問者B　寝てないですよ。意識は飛ばしてたけど。

みつろう　今、無意識で聞いてたね。

質問者B　はい。ちゃんと聞いてましたよ。

はっちゃん　目の前のことを大事にするしかないですよね。

AKIRA　そう。ささやかな日常、つまらないことかもしれないけど、精魂込めてそれを丁寧に丁寧にやる。
　そっちのほうがずっとすばらしい生き方になる。

みつろう　僕は「幸せになるなら、どうぞ日常で」と本に書いたことがあります。

どれだけすごいレーザービームが出るような魔法を手に入れても、その魔法で多分、彼氏のハートを射とめたいだとか、誰かに何かしたいとか、結局、日常で魔法を使いたい人なのです。それより幸せになるなら日常でやるのであって、どこかのそういうエネルギーは要らないですよね。

はっちゃん　ほんとね。

Section 13
目標って到達できないことが前提だから永遠に追いつけない!?

みつろう　最後にノダさんがどうしても質問したいって。どっちに聞きましょうか。

ノダ　さっきおっしゃったような環境になるのかもしれないので、はっちゃんに。

要は、生きるために必要なことといいますか、楽しく生きていくためにはどういうマインドというか、どういう行動をしていったらいいかみたいなのがあれば聞きたいなと。

はっちゃん　私は目の前のことを淡々と、と思っているんですけど、意識だけはちょっと遠くを見るというのがいいかな。要は、未来を見るというところ。

自分がどういるのかというのは、選択できると私は思っているんです。自分自身も死んであの世界に行って戻ってきているので、私は知っているという価値観の中で行動していくといいと思います。いろんなことにトライしていく。できないかもしれないけど。

ノダ　ちょっと先の目標を、何か決めたほうがいい？

はっちゃん　目標ではなくて、もうそれをやって、終わっているぐらいの感じ。

前にも言ったけど、そういうふうに思っていると、本当にその方向に人って行くんですよ。

だから、ここでうだうだ、どうしよう、どうしようと思っているよりは、まず動いてみる。

AKIRAもそんなことを言ったよね。

動いたほうが絶対いい。無駄なものは一個もないから。

勉強になる、ならないじゃなくて。

みつろう　じゃ、終わったように捉える。

はっちゃん　そうそう、これやって、あれやって、終わってて、もう10年ぐらいたっている私。

みつろう　確かに。今思ったけど、目標という言葉は、まだ終わってないという前提だ。だから目標だもの。ちょっと前のところは、もう終わっているという意識で見る。

はっちゃん　そうすると、その方向にちゃんと向かっていくし、間でいろいろ起きたときは、そのときに自分が考えて、意識の設定をすればいいと思うんですよ。
　だから、何もしないでいろいろ考えるよりは、もう終わったという感じで。

AKIRA　深いねえ。

みつろう　深い。目標って、到達しない前提じゃないですか。目標なんですから。

AKIRA　まさに時間が逆から流れているということね。

はっちゃん　そうです。流れてます。

ＡＫＩＲＡ　未来から。

はっちゃん　自分が今、体験しているからわかるんです。
私は未来からここに戻ってきて、調和の世界というか、その世界も見ながら、ここを生きているのでね。２０１５年から生きているので。

みつろう　逆説的になるけど、目標がある限り、絶対叶わないですよねとなる。

ＡＫＩＲＡ　そうだよね。

みつろう　目標の前提が、それを叶えてない私というのをここに固定しないといけないから、目標がある限り……。

はっちゃん　だから幸せになろうという目標も、叶わないことになるからね。

みつろう　そうだよ。僕はそれを『神さまとのおしゃべり』に詳しく書いたんだけど、例えば3年後に幸せになると思っている人がいて、またはは2年後でもいいし、1年後でもいいんだけど、1秒後まで縮めても、1秒後に幸せになるという人は、1秒後に幸せになるんですよ。
でも、1秒後が来たら、それはまた1秒後なんですよ。1秒後のまた1秒後に幸せになると思っている。それを0・1秒後にして、0・1秒後に幸せになると思っている人は、0・1秒後に、そのまた0・1秒後に幸せになると思っているから、永遠にそこには追いつかない。
今幸せだと、どこかで思わないといけない。

あと、「ダイエットを始めるならきのうから」というのがあるんです。あしたからダイエットを始めるというのは全然遅い。きょうの晩御飯からというのも遅くて、今始めるでも遅いんです。よく考えたら、俺はきのうの晩御飯、ラーメン40杯食べてないな。これはダイエットじゃん(笑)。

結局、何かと比べて相対的な思考で生きているから。ダイエットは、きのうからもうできているということなんです。あしたからダイエットを始める人は始まらないし、今始めても始まらない。

思考ってすごいから、もう始まっていると思えば、私の幸せも、人生も、もう始まっている。

そうしないと永遠のロジックって無理よね。目標を掲げている以上、目標は永遠に目標で、目標になんて追いつけるわけないじゃない。現実をやっぱり……。

はっちゃん　やっぱり行動だよね。

みつろう　やっているときはマイオカイン（生理活性物質の総称）というのが筋肉からプチプチプチプチと出てくるので、その間、原理的に悩めないんです。
動いているときは、体のシステムとして絶対に悩めない。自分の体を見ればわかるんですけど、心配事をしているときは、手が絶対に止まっています。
悩んでいるときも、絶対に足が動いてないです。歩いているときには心配事はしてないんです。心配しているんだったら、それは止まっている。

はっちゃん　行動したほうがいい。

みつろう　行動してないから、行動していく。

はっちゃん　肉体的なものでは、もう一個、塩と水が大事です。いい水じゃなくてもいいので、塩と水を飲む。さっきも言ったように、筋肉が動かないと、私たちは循環しないんです。だからお塩が大事になる。肉体を保持していくために水と塩が大事。意識はまず最初に行きますよね、終わってくると。肉体をそこに持っていくために、塩と水をしっかりと取っておくといいです。

みつろう　はっちゃんは本当にすごい。きのう、こんちゃんさんが彼をマッサージしてくれたんですけど、こんちゃんさんはマッサージした後に、その人の体のことをアドバイスしてくれるんです。

僕へのアドバイスは「何か心配事がありますか」で、彼へのアドバイスは「腎臓が悪いんじゃないですか」。

今、はっちゃんが言った塩と水は、腎臓に一番関係しているんです。腎臓は血液をフィルターする濾過《ろか》装置なので、海と同じ比率で塩が入って、きれいなミネラルがあったら、腎臓はよくなっていく。

はっちゃん　海水を、あと1リットル持ってきているの。

みつろう　石垣島の満月の夜に、はっちゃんがくんでくれた石垣島の満月海水。

はっちゃん　きょう食べた塩は、それです（拍手）。

みつろう　よかったね、皆さん。

Section 14

AKIRAと共に「ウレシパモシリ」を歌う！

はっちゃん　AKIRAが最後に歌いたいって。

みつろう　じゃ、最後に。「ウレシパモシリ」でいいんですよね（拍手）。はっちゃんとあかねさんが、きのうはいなかったので、きょうもう一度、AKIRAさんが歌っている「ウレシパモシリ」という歌を。

AKIRA　ウレシパモシリというのは、アイヌ語で「育み合う大地」という意味です。

草も木も、動物も人間も、お互いが育て合う。

みつろう　ＡＫＩＲＡさんは、ふだんこれをギターで歌っているので平均律なんですけども、ここに純正律のピアノがあるので、純正律のキーで歌うという、とてもレアな（拍手）。

今、向こうにまりんちゃんが一番重要な歌詞を書いてくれています。

（ピアノでメロディを弾き、歌ってみせる）

わたしは大地　わたしは大空
わたしは月　わたしは太陽
わたしは花　わたしは鳥
そしてわたしはあなた

この部分はみんなで歌えると思うので。

皆さんは平均律に体が慣れていると思いますが、このピアノに合わせたら純正律はすぐとれるので、このメロディラインで。平均律とは違うので、最初はラララで慣らしましょう。

（ピアノ伴奏・みんなでラララで歌う）

みつろう　歌詞を見ながらいけますか。

（みんなで歌う）

わたしは大地　わたしは大空
わたしは月　わたしは太陽
わたしは花　わたしは鳥
そしてわたしはあなた

（繰り返す）

みつろう　AKIRAさん、皆さん歌えそうですね。

AKIRA　すごいね。歌えちゃうね。

みつろう　皆さん、僕とAKIRAさんは見ないでいいので、あっちの歌詞を見て、自分の歌を歌いましょう。じゃ、1と2と3、AKIRAさん、サビだけみんなまざってきていいでしょうか。

AKIRA　どんどん歌ってほしい。

みつろう　皆さん、純正律の「ウレシパモシリ」です。

（ピアノ伴奏・AKIRAさんの歌唱・途中からみんなも参加）

①

わたしは大地　わたしは大空
わたしは月　わたしは太陽
わたしは花　わたしは鳥
そしてわたしはあなた

ふたつの道を目の前にして
自分自身が迷ったときは
道ばたの石をめくってごらん
そこにわたしがいるから

自分で積んだ不幸の壁に
閉じこめられておびえる夜は

星を見あげて話してごらん
そこにわたしがいるから

わたしとあなた　へだててる線が消えてく
わたしたち　同じ愛から生まれた

わたしは涙　わたしは笑顔
わたしは孤独　わたしは怒り
わたしは許し　わたしは祈り
そしてわたしはあなた

②
人が怖くて自分がいやで
動けぬくらいすくんだときは

年老いた木にさわってごらん
そこにわたしがいるから

やさしさゆえに人になじられ
愛するゆえに身を引いた夜は
ひとり鏡をながめてごらん
そこにわたしがいるから

わたしとあなた　それぞれのエゴを超えてく
わたしたち　同じ愛から生まれた

わたしは試練　わたしは学び
わたしは光　わたしは命
わたしは愛　わたしは神

そしてわたしはあなた

みつろう（ピアノを弾きながら）　皆さん、きょうは光楽園にようこそお越しくださいました。

光楽園は東京だけでなくいろいろなところから遠い場所にありますけども、遠いという利点を生かして、弱点を長所に変えて、また新たに出発していこうというタイミングに皆さんが来てくれて、ＡＫＩＲＡさんが来てくれて、はっちゃんが来てくれて、とても幸せな光楽園です。

ピアノの音も全然ずれなかったので、きょうは楽しんでくれたかなと思います。

（歌う）

わたしは大地　わたしはピラミッド
わたしは光楽園　わたしは光

わたしは花　わたしは鳥
そしてわたしはあなた

ＡＫＩＲＡさんここからいきますか。

（ＡＫＩＲＡさんの歌唱）

③
親を亡くして友を亡くして
愛する人を失ったとき
吹きくる風を感じてごらん
そこにわたしがいるから

病の床で定めを呪い
死の足音におびえる夜は

自分の胸にさわってごらん
そこにわたしがいるから

わたしとあなた　抱き合えばひとつに溶ける
わたしたち　同じ愛から生まれた

（ここからＡＫＩＲＡさんのリードでみんなで歌う）

わたしは大地　わたしは大空　わたしは月
わたしは太陽　わたしは花　わたしは鳥
そしてわたしはあなた

わたしは涙　わたしは笑顔　わたしは孤独
わたしは怒り　わたしは許し　わたしは祈り

そしてわたしはあなた

わたしは試練　わたしは学び　わたしは光
わたしは命　わたしは愛　わたしは神
そしてわたしはあなた

AKIRA　すばらしい！（拍手・歓声）

みつろう　はっちゃんに大きな拍手を。

はっちゃん、ありがとうございました（拍手）。

はっちゃんがつくった2種類のハーブ、4種類のハーブ、偶数だと精神に効いて、奇数だと体に効くという話だとか、植物を見ればその地域の住民の状態がわかるとか、そういった知恵が全部この本（『石垣島はっちゃんの島の薬箱』）に詰まっています。

借金してでも買ってくださぃ（笑）。２０００円です。本当は２２００円なんですけど、きょうここにヒカルランドの社長の奥さんがいらしています（拍手）。

だから、きょうは２２００円が２０００円なんです。もう一回言いますけど、これは残ったら送るのも大変だったし、皆さん、きょう、はっちゃんのお蕎麦を食べたでしょう。

あのお蕎麦は石垣島で本当に手間をかけてつくってきてくれて、肉も豚骨も全部持ってきてくれた。

俺、本当に思うんだよね、これを買わないで帰る人は鬼畜かなと（笑）。

人の皮をかぶった獣かなぐらいに思う。

この本がこの箱に入れられて送り返される事態は避けたくて、お金がある人は何だったら友達にも買って送るぐらいいなつもりで。

皆さん、はっちゃんへの感謝の気持ちはあるか。
――イエーイ！
感謝したいか。
――イエーイ！
はっちゃん、ありがとう！

一同　ありがとう！（拍手）

はっちゃん　オオギバショウ（タビビトノキ）のタネを奥さんが持ってきてくれています。うちから持っていったものを細かくして持ってきてくれたので循環です。

みつろう　すごくきれいな青い色。タビビトノキという木なんです。
しかも、はっちゃん、買ってくれた人に何か……。

はっちゃん　これはみんなにプレゼントしようと思って。

みつろう　買った人にだけにしましょう。みんなにはいいって（笑）。

はっちゃん　いや、みんなにと思って持ってきたので（拍手）。

みつろう　じゃ皆さん、はっちゃんの本をちゃんと買ってくださいね。

そして、ＡＫＩＲＡさんに大きな拍手を。ありがとうございました（拍手）。

本当にいろんないい情報を話してくれましたが、きょうの一番のメッセージは、何といっても「絶対にドラッグに手を出すな」（笑）。

ＡＫＩＲＡ　間違いないです。

みつろう　そこに導いてくれてありがとう。

　きのうAKIRAさんのCDを買った人はいっぱいいると思うんですけども、きょうももちろん売ってますので、よかったらAKIRAさんのも買ってください。

　できる限り在庫をはかせるように。

AKIRA　1枚2500円のCDが20種類ぐらいあって、きのう、20枚セットというのがはけましたが、きょうは、きのう歌った歌だけを集めた10枚セットが、2500円で10枚だから2万5000円のところを2万円で、5000円オフということで売ってます。
　この値段は大人買いセットと言って、5枚以上買うと、2500円が2000円になります。いつもは1人でなんだけど、きょうは「私と組まない？」と何人か集めて5枚以上買えば2000円になるので、ぜひ悪い取引をしてください（笑）。

あと、本も残り1冊だけ。これは『名言写真集』140ページ、オールカラー物の1冊でございます。これも2500円です。これも5枚の中に組み合わせていいからね。

これには俺が10年間、アメリカ、ヨーロッパでつくった絵画、美術作品がフルカラーで載っています。これもラスト1冊です。

そして私は、はっちゃんの本を買います（拍手）。

サインは後で石垣で会ったときに。

みつろう　タビビトノキのタネももらえるそうですよ。

AKIRA　ありがとうございます。

みつろう　あかねさん、本のタイムは何分もらえるんですか。皆さんがどうしても財布を空にしたいと言うもので。

AKIRA　サインとかに時間がかかるんだよな。

あかね　そうですね。ＡＫＩＲＡさんが大丈夫な時間帯まで。

みつろう　その後のイベントの内容だけ教えて。

あかね　そうでした。では、セカイムラの紹介をさせてもらいながら。

みつろう　その後に本買いね。では、あかねさん、お願いします。

あかね　皆さん、きょうはありがとうございました（拍手）。

この会は、冒頭からお伝えしているセカイムラというオンラインサロンで開催しているものになります。

セカイムラは、ロビンソン尚子先生、さとうみつろうさんから始まっているオンラインサロンになりまして、各地域でコミュニティをつくって、そこで畑で作物をみんなで育てながら、自分が可能な範囲の中で活動していくというものと、あとは自分自身の強みや夢や願いを、誰かの夢と交換し合いながら叶えていくことを目的としたコミュニティになります。

今回、ほぼセカイムラの方々ではあるんですが、数名、セカイムラ以外の方もご参加くださっています。

みつろう　すごいプレッシャーだね（笑）。

今、入らなきゃ、どうなるんだぐらいのプレッシャー。

ちなみに、椅子にグルグル巻きにして、シャブづけにできる人がいますので（笑）。

あかね　そんなプレッシャーはないんですが、仲間に入りたいという方は、ぜひご参加いただければと思います。

みつろう　入りたい人は、どうすれば入れますか。

あかね　私のところまで来てください。

みつろう　ちなみに、入りたいという人、いますか。あっ、いた（拍手）。今はセカイムラじゃないんですか。

参加者　はい。

みつろう　最初に入信の儀式とかあります（笑）。

あかね　じゃ、後で。ほかの皆さんは多分もうセカイムラの人ですね。

みつろう　ほかにはいないんだね。すごいね。

あかね　そうですね。全体の1割弱ぐらいの方が一般だったので。
皆さん、今後も引き続きセカイムラ、よろしくお願い致します。（拍手）
では、この後、15分から20分ぐらい物販タイムということで、お時間が許す限り。

AKIRA　あした京都でラストライブなので早めに帰るので、俺のCDを買う方は早めに来てください。

あかね　順番的に、ＡＫＩＲＡさんの物販に先に行っていただいて、その後、はっちゃんのほうに行っていただいて、最後、お土産もありますので、お土産をもらって帰られてください。

これで終了です。

ありがとうございました。（拍手）

Special Fieldwork

さとうみつろうさんとカタカムナと「セカイムラ」のお話

セカイムラ特使を務めるはっちゃんのご縁で、全国のセカイムラメンバーが参加する新月会（ZOOM）にカタカムナ言霊伝道士の吉野信子さんがゲスト出演することに！

「セカイムラ」をカタカムナで読み解く

みつろう　はっちゃん、ありがとうございます。吉野先生、お久しぶりです。さとうみつろうです。

吉野　セカイムラおめでとうございます。

すばらしい活動をされていて、いまお聞きしていてびっくりしました。

はっちゃん　のぶちゃんが今、セカイムラについてカタカムナで紐解いてくれています。

吉野　はい。「セカイムラ」という言葉を数霊で読み解くと、世界っていうのは、66で心と同じなんですね。

これは「わたしたちが見ている世界というのは、心が現象化したものだ」という意味なんです。

だから、66が現れるというのは、世界が心になるという意味なんですね。

そして、村っていのは、「ム」が13。「ラ」が31。

これは13と31が鏡合わせの反対の数字になっているんです。

13っていうのが「地球」を表す「勾玉」のことで、31は、「ラー」といって、「ラー神」「太陽神」のことなんです。

だから、「ムラ」っていうのは、本当にすごい。

13っていう地球の世界と、31の太陽の世界が鏡合わせになっていて、その合計数がなんと44になるんですね。

「ムラ」は44。これは、次々と新しいものが出てくる。今、今、今、心の中から、新しい陽のエネルギー、太陽のエネルギーが次々とでてくるっていうのが、「セカイムラ」っていう数霊の意味で、その合計数は110なんですね。

11っていうのは、今（5＋6）、そして0は、そのものという意味なので、セカイムラっていうのは、「今そのもの」という意味になります。

そしてこの110の数霊を持つ神様の名前が、スサノヲです。

スサノヲが鼻から生まれたと言われる理由は、スサノヲというのは風の神なんですね。

これからは「風の時代」って言われていますね。スサノオがなぜ鼻から生まれた風の神かというと、鼻は人間が呼吸をするところですね。吸って吐いて、吸って吐いて、それが続く限り命というものは躍動するわけです。だから「セカイムラ」というのは、本当にすごい名前です。

今に生まれるべきもの、66の世界。そしてそれが風の時代にでてきている。

すごい数霊でしたよ、びっくりしました。

本当にこんなのはなかなかないですよ。

みつろう 吉野先生、実は、「セカイムラ」をカタカナでやっているのは、カタカムナに寄せようっていう気持ちが僕の中にあって、それこそ漢字で世界村ってやることもできたんだけど、カタカナのセカイムラで僕たちはやっているんですよ。

吉野 そうなんですね。ありがとうございます。

セカイというのをカタカムナの思念で読むと、「引き受ける想いを伝える」になります。

すべてを自分に引き受けて、その思いを伝えていく、という意味になりますね。

狼の遠吠えとシューマン共振

吉野 そして、先ほどシューマン共振の周波数で音合わせをされていたのを見て、実はびっくりしています。
というのは、神道では御神事のときに狼の遠吠えのように「ヲオーーー」という風に声を出しますけど、それは隼人の狗吠（いぬぼえ）から神道に伝わっているんですね。

地球の中心の周波数を上に上げていって、地球を包んで回していくっていうことを昔の隼人の人たちもやっていた。

それをカタカムナ学校では「狼の遠吠え」といっていつも最後にやるんですね。

そして先程、このZOOMの最初にされた音合わせを見たときに、あ、セカイムラでみつろうさんがやってらっしゃるって、すごいシンクロでびっくりしました。ありがとうございます。

みつろう　ありがとうございます。
ちなみに吉野先生、世界中でいつもつながってくれる人がいるので、それこそ世界各地でそのときのシューマン共振とあった音で「ウォー」と結んでいるんです。

吉野　そうなんですね。そのときの地球の周波数、外の周波数っていうのに合わせた音を出していくっていうことが大事なんだと思います。
この「ヲオーーー」っていう音は、終わりのヲの字の音で、Wが入っている音なんです。

そしてこの音は、ミロク魔方陣という数霊の世界の中心にある41番というカタカムナの音で、それはね、母音（ボオン）っていう意味なんです。母の音。

みつろう　うーん、なるほど。

吉野　そう、だから地球の大地母神からの音、つまりシューマン周波数ですね。そういう意味では、今読み解いていて、本当に縄文、カタカムナの人たちがやっていたことがセカイムラの中で蘇っているんだなってすごく感じました。

はっちゃん　みんなの住んでいる土地とか名前とか、すべてに意味があるんですよね。ぜひ言葉を大事にして、音を大事にしていってもらいたいなと思っています。

みつろう　今日は、吉野先生に僕たちセカイムラのことをみていただけてすごくありがたかったです。

はっちゃんもありがとうございました！

はっちゃん　吉野　ありがとうございました！

（入口初美、吉野信子共著『言霊、数霊、形霊！【全ての扉を開ける鍵】カタカムナ』より転載）

入口初美
吉野信子
【全ての扉を開ける鍵】
カタカムナ
カタカムナとは「愛」そのモノ、
全ての扉を開ける鍵となる力!

さとうみつろう

札幌の大学を卒業後、エネルギー系の東証一部上場企業に入社。サラリーマンとしての経験を通して社会が抱える多くの矛盾を目の当たりにし、「世界を変えるためには、1人ひとりの意識の革新が必要」だと痛感し、SNSで独自の考え方やエッセイ、詩や楽曲の発信を開始する。口コミで「クスっと笑えて、分かりやすい文章」が評判となり、さとうみつろう公式ブログが各種人気ランキングで1位を記録。2014年に読者や周囲の声に応える形で会社から独立。同年9月に出版した『神さまとのおしゃべり』は20万部を突破するベストセラーとなり、アマゾンランキング「本」総合部門で1位となる。また、2015年からは「さとうみつろうトークショー」の中に「純正律ピアノ」を用いたカノン瞑想を取り入れ、チケットが買えないほどの人気を博す（純正律カノン瞑想）。さらに、中学生の頃から続けているバンド活動にも力を入れており、2016年にsun of a rockにてメジャーレーベルからCD「グラビトン」を発売し、初登場オリコン27位をマーク。独自の思想をメロディに乗せる事で、さらに多くの人へ届け続けている。現在、音楽ライブや講演会などで全国を飛び回る傍ら、本の執筆やイベントの企画等も自身で手掛けるマルチなクリエイターとして活躍するが、那覇の自宅に戻ると子煩悩な3児のパパに早変わりする。

入口初美　いりぐち はつみ

ナチュラルメディスンガイド。植物・ハーブの研究家。石垣島生まれ。幼少期から、自然界や植物からのメッセージを受け取り、石垣島で自然とともに生きる暮らしを実践。2015年に交配種のハブに咬まれて心肺停止となり、臨死体験。あの世とこの世を彷徨う中、「全てがわたし」「意識」と気付き、瀕死の状態から奇跡の生還を果たす。以降、「私の魂の声」を聞き、「私の地球を生きる」「私の宇宙を引き受け生きる」ことを決意。現在は、島の知恵や植物のメッセージ、自然界、場の力と共鳴しながら、こころとからだと魂を整える方法、伝統料理、島ハーブ料理、意識と食と生の講習会などを精力的に伝えている。メディカルハーブ、メディカルアロマアドバイザーなど植物関係を中心に数多くの資格を持つ。著書に『石垣島はっちゃんの【島の薬箱】』『言霊、数霊、形霊！【全ての扉を開ける鍵】カタカムナ』（ヒカルランド）がある。

島の薬箱 － Ishigaki Island －

https://shimanokusuribako.stores.jp/

AKIRA

1959年栃木県日光市生まれ。23歳からニューヨーク、アテネ、フィレンツェ、マドリッドなど、10年ものあいだ海外で美術作品を発表し、アンディ・ウォーホルから奨学金を受ける。世界120カ国以上を旅し、小説家、画家、ミュージシャンとして年間150回のライブをこなし、多彩な作品群を生み出し続ける。著書『COTTON 100%』（幻冬舎文庫）がNHKの「私の1冊・日本の100冊」に選ばれる。最新作『ケチャップ』（晶文社）、代表作『アジアに落ちる』、『神の肉テオナナカトル』など著書多数。

オフィシャルwebサイト：http://ameblo.jp/akiramania/

100本のライブ映像が無料で見れる動画：

http://m.youtube.com/user/toshiyukimania/search?query=akira

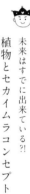

未来はすでに出来ている?!
植物とセカイムラコンセプト

第一刷 2023年8月31日

著者 さとうみつろう／入口初美
AKIRA／セカイムラメンバー

発行人 石井健資

発行所 株式会社ヒカルランド
〒162-0821 東京都新宿区津久戸町3-11 TH1ビル6F
電話 03-6265-0852 ファックス 03-6265-0853
http://www.hikaruland.co.jp info@hikaruland.co.jp

振替 00180-8-496587

本文・カバー・製本 中央精版印刷株式会社

DTP 株式会社キャップス

編集担当 TakeCO/Mizuho

ISBN978-4-86742-261-8

国内外で高い評価を得ている「Taguchi スピーカー」で有名な「田口音響研究所」が製作した唯一無二のスピーカー。“音のソムリエ”こと藤田武志氏の「球面波スピーカー」を採用し、球体の中で音が重畳し合って力強い波動が360度に広がるという、ユニークなデザインからは想像もできない衝撃のサウンドが体験できます。

自然界の音波というのは、音を出した時に一点から空気が圧縮されて球体状（360度）に広がります。水面に広がる波紋の立体版と例えるとわかりやすいでしょう。実は、従来の音響機器のほとんどはスピーカー部がへこんでいるため、音がぶつかり合って響きに濁りが生じているのです。へこんだ面から音を出しても自然界の音波にはなりません。普通のスピーカーで好きな音楽を聴いていても飽きたり、疲れたりしてしまうのはそのため。しかし、本製品はスピーカー部が球体状になっている「球面波スピーカー」を採用し、自然界の音を忠実に再現することを可能にしました。聴いていただいてみるとわかるのですが、本スピーカーから出される「純正音」は、長時間聴いていても疲れないどころか、脳内のα波が増え、リラックスできるんです。

さらに、「量子ヒーリンコイル」を内蔵し、ホワイト量子エネルギー（WQE）のパワーも加わっているため、音の質がクリアになるだけでなく、耳に聴こえない倍音でさえも体感できます。

もちろんBluetooth対応だから、スマホのお気に入りの音源を再生したり、オーディオケーブルを購入すればCDプレーヤーやコンポと接続して聴くこともできるのでCD派の人も安心。ぜひ新次元のサウンドを体験してください。

既存のスピーカー

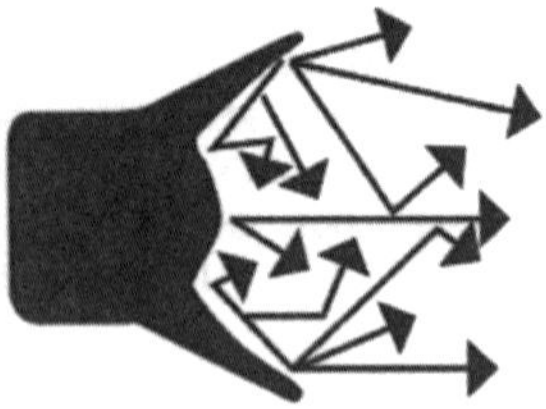

音がぶつかり波形が崩れ、
響きに濁りが出る。

球面波スピーカー

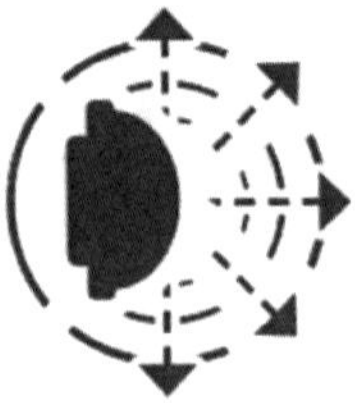

音が球体状、立体的に
広がり、響きが増幅。

スイッチオンするだけ！
コンパクトなのにインパクトがスゴイ！

オルゴンエネルギーとホワイト量子エネルギーの融合によって、原子や分子などをより高いエネルギー状態へと導き、全身のバランスを整えます。点灯なしでもエネルギーは出ていますが、点灯させることでより高まります。レギュラーとハイパワーでは、バッテリー容量（通電力）が３倍違います！

長さはシーンやお好みに合わせて変えてください。ボタンを押すと緑色LEDが点灯します。着かなくなったら充電してください。

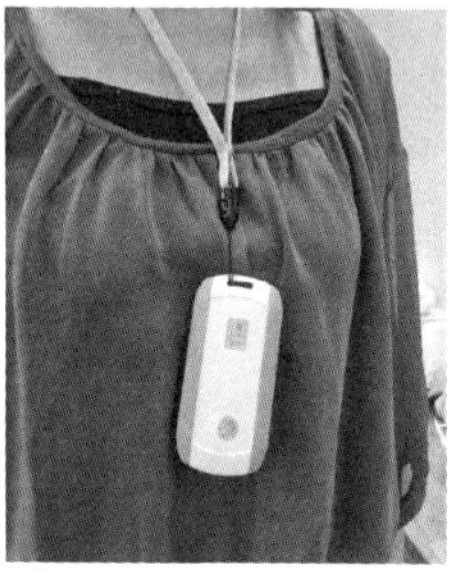
使用例　ハイパワー着用時

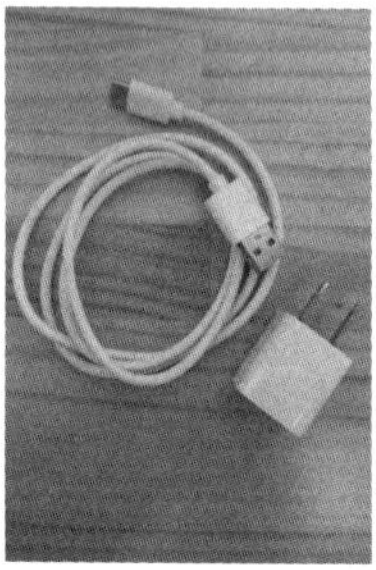
付属品 USB 充電器

呼吸器系が弱く、一度咳き込むとなかなか止まらないのですが、クオンタムリペイヤーをしている時は平気です。気道の状態は、自律神経に関係していると言いますから、無意識領域のバランスをとってくれていると思っています。（スタッフＨ）

体調を崩した編集のＭに貸したら、かなり気に入ったようで全く返って来ません。仕方がないので、もう一台新調。咳が出そうになった時、胸腺のところに置きボタンを押すと咳が止まります。体調を崩した時、2~3日つけっぱなしにするとすっきり改善します。（スタッフＴ）

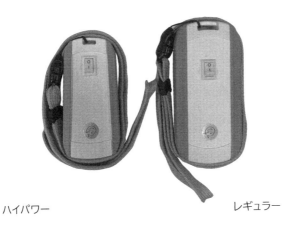

転写時間はペットボトル2リットルの場合は6分（オートシャットオフ機能）で波動水が出来ます。

【藤田氏おススメ使用方法】

★転写する物に制限はありませんが、コーヒー、紅茶、お茶等の飲み物、水分量の多い食べ物、野菜、ご飯などに高波動のものを転写して好結果が得られた報告もあります。
作用を受ける私たちの体も約60～70％の水分で構成されているので転写波動の影響を大きく受けます。

30年前、大手家電メーカーSに在籍時、当時脚光を浴びていた波動転写器をリバースエンジニアリングで改良して以来、ずっと研究し続けてきました。2つのメビウスコイルをつなぎ、**ゼロ磁場を作り、トーラスエネルギーを発生させています**。2つの方位磁石でぜひゼロ磁場をご確認ください。構造上、私の商品開発**史上最強の波動転写器が実現**しました。自信を持ってオススメします。
（藤田武志氏）

古代のスメラミコトは天皇として神代文字を紡ぎだしてきました。これによって、体内の極微の生物ソマチッドが活性化することも知っていたのでしょう。私は神代文字を治療に使い出して、すでに20年近くになります。日本に隠された宝とは、**神代文字**のこと。その活用方法は、工夫次第で無限大です。この【魔人くん】で使う文字の種類、その並べ方、その**効用を最大限**になるよう、セルフォで決めていきました。新たな神代文字の活用法の誕生です。
（片野貴夫氏）

本といっしょに楽しむ イッテル♥ Goods&Life ヒカルランド

神代文字×フトマニシートの ポジティブエネルギーを好きなものに転写！

サウンドマイスター
藤田武志

×

神代文字治療家
鍼灸師 **片野貴夫**

神代文字×フトマニプレート

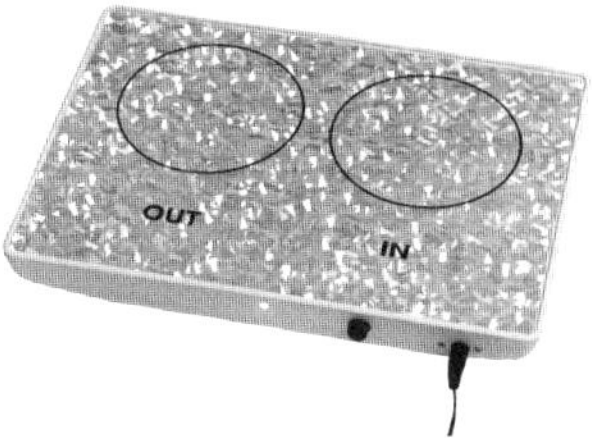

波動転写器

波動転写器〈神代文字×フトマニ〉
本質移転マシン【魔人くん】

220,000円（税込）

【神代文字プレートの使い方】

天の気を集め、不調を癒やす古代図形「神代文字×フトマニ」パワーを、水に転写させて、その水を飲む、お風呂に入れる、気になるところにつけてみたりしてください。

使い方はほんの一例です。ご自身の直感にしたがってご使用ください、一番はご自身の身体が知っていますので固定概念を外して数枚重ねてみたり、他の物と組み合わせたりしてもよいかもしれません。

セルフォ（セルフ・オーリング・テスター：販売ヒカルランドパーク）でチェックするのもおススメです。

不思議・健康・スピリチュアルファン必読！
ヒカルランドパークメールマガジン会員とは??

ヒカルランドパークでは無料のメールマガジンで皆さまにワクワク☆ドキドキの最新情報をお伝えしております！　キャンセル待ち必須の大人気セミナーの先行告知／メルマガ会員だけの無料セミナーのご案内／ここだけの書籍・グッズの裏話トークなど、お得な内容たっぷり。下記のページから簡単にご登録できますので、ぜひご利用ください！

◀ヒカルランドパークメールマガジンの
登録はこちらから

ヒカルランドの新次元の雑誌「ハピハピ Hi-Ringo」
読者さま募集中！

ヒカルランドパークの超お役立ちアイテムと、「Hi-Ringo」の量子的オリジナル商品情報が合体！　まさに“他では見られない”ここだけのアイテムや、スピリチュアル・健康情報満載の１冊にリニューアルしました。なんと雑誌自体に「量子加工」を施す前代未聞のおまけ付き☆持っているだけで心身が“ととのう”声が寄せられています。巻末には、ヒカルランドの最新書籍がわかる「ブックカタログ」も付いて、とっても充実した内容に進化しました。ご希望の方に無料でお届けしますので、ヒカルランドパークまでお申し込みください。

量子加工済み♪

Vol.3 発行中！

ヒカルランドパーク
メールマガジン＆ハピハピ Hi-Ringo お問い合わせ先

- お電話：03－6265－0852
- FAX：03－6265－0853
- e-mail：info@hikarulandpark.jp

・メルマガご希望の方：お名前・メールアドレスをお知らせください。
・ハピハピ Hi-Ringo ご希望の方：お名前・ご住所・お電話番号をお知らせください。

ヒカルランド　好評既刊！

地上の星☆ヒカルランド　銀河より届く愛と叡智の宅配便

言霊、数霊、形霊！
【全ての扉を開ける鍵】カタカムナ
ニューアースの大出産に立ち会う
著者：吉野信子／入口初美
四六ソフト　本体 2,000円+税

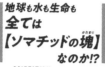

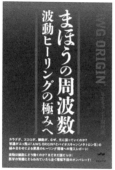

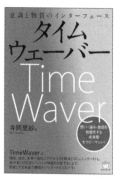

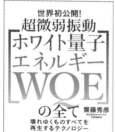

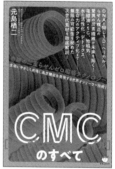